Construyendo Hábitos Ganadores:

112 Pasos para Mejorar Tu Salud, Riqueza y Relaciones. Crea Auto-Disciplina y Autoconfianza

Table of Contents

Table of Contents 2
Introducción 6
Capítulo Uno: ¿Qué es la Auto-Disciplina? 9
Capítulo Dos: Formas Poderosas de Comenzar con la Combinación de Hábitos 11
Capítulo Tres: Estrategias Probadas para Construir y Mantener Hábitos Poderosos 25
Capítulo Cuatro: Ganar el Juego de Gestión del Tiempo 35
Capítulo Cinco: Dominando Hábitos Positivos 56
Capítulo Seis: Construye tu Red y Relaciones 68
Capítulo Siete: ¿Obstáculos o Oportunidades? 74
Capítulo Ocho: Ejercicio Diario y Salud 80
Capítulo Nueve: ¿Por qué reinventar la rueda? 87
Capítulo Diez: Consigue un Mentor 99
Capítulo Once: Mantén una actitud proactiva, no reactiva 117
Capítulo Doce: Construye tu músculo de perseverancia 130
Conclusión 140

Derechos de autor 2024 por Robert Clear - Todos los derechos reservados.

El contenido incluido en este libro no puede ser reproducido, duplicado o transmitido sin el permiso escrito directo del autor o del editor.

En ningún caso se responsabilizará al editor o autor por cualquier daño, reparación o pérdida monetaria debido a la información contenida en este libro. Ya sea directa o indirectamente.

Aviso Legal:

Este libro está protegido por derechos de autor. Este libro es solo para uso personal. No puedes modificar, distribuir, vender, usar, citar o parafrasear ninguna parte o el contenido dentro de este libro, sin el consentimiento del autor o editor.

Aviso de exención de responsabilidad:

Tenga en cuenta que la información contenida en este documento es solo para fines educativos y de entretenimiento. Se ha hecho todo el esfuerzo para presentar información precisa, actualizada y confiable. No se declaran ni se implican garantías de ningún tipo. Los lectores reconocen que el autor no está brindando asesoramiento legal, financiero, médico o profesional. El contenido de este libro ha sido derivado de diversas fuentes. Por favor, consulte a un profesional con licencia antes de intentar cualquier técnica descrita en este libro.

Al leer este documento, el lector acepta que en ningún caso el autor es responsable de cualquier pérdida, directa o indirecta, que se incurra como resultado del uso de la información contenida en este documento, incluyendo, pero no limitado a, errores, omisiones, o inexactitudes.

Introducción

El éxito, la riqueza, el dominio de la vida y un estilo de vida envidiable no son más que una agregación de nuestros hábitos. No somos más que la suma total de los hábitos, acciones y patrones de comportamiento que nos definen. Desde nuestras relaciones interpersonales hasta nuestro éxito profesional, todo es producto de los hábitos que desarrollamos consciente o inconscientemente. Si deseas tener un mayor control sobre tus relaciones, trabajo y vida en general, asume el control de tus hábitos hoy.

Toma cualquier persona exitosa de tu elección y determina esa habilidad más grande que los distingue de los demás en su campo. ¿Qué es lo que los hace tan exitosos en su vida personal y profesional? Todo comienza con su habilidad para demostrar autocontrol y disciplina. Saben cómo desarrollar disciplina a través de sus pensamientos, sentimientos, comportamiento y hábitos. Estas personas saben cómo mantenerse a raya. Theodore Roosevelt dijo famosamente, "Los buenos hábitos formados en la juventud marcan toda la diferencia." Dio en el clavo. No somos más que la suma de nuestros hábitos, que eventualmente determinan nuestro éxito en la vida.

La disciplina es el puente hacia el logro de tus metas. Las personas exitosas saben exactamente cómo utilizar la autodisciplina para alcanzar sus objetivos. Aprovechan el poder de la disciplina para hacer realidad sus sueños. La base de buenos hábitos siempre establece el tono para una vida plena y gratificante.

¿Sabías que el 40 por ciento de nuestro comportamiento está impulsado por hábitos? Si quieres ser más disciplinado, el primer paso es desarrollar hábitos positivos. Has leído acerca de los hábitos de las personas exitosas numerosas veces. Ellos son los que se levantan a las 4 am, corren unas cuantas millas, meditan y luego toman un batido fresco para el desayuno antes de comenzar con las tareas del día. Están trabajando fervientemente para establecer su empresa de nueva creación, la cual planean lanzar pronto. Estas personas no perderán tiempo, y solo se centrarán en lograr su objetivo de lanzar su empresa de nueva creación.

Sabes todo esto, pero te sientas cómodamente en el sofá, navegas sin rumbo por Internet durante horas, juegas juegos virtuales y te acabas litros de helado del envase. ¿Realmente quieres llevar esta vida día tras día? ¿O quieres vivir una vida en la que se cumplan todos tus objetivos y sueños?

La clave mágica para lograr el éxito en tu vida profesional y personal es empezar a ser más disciplinado. Las actividades anteriores pueden brindarte placer a corto plazo o gratificación temporal. Sin embargo, si eres capaz de retrasar esta gratificación a corto plazo fijando tus ojos en el panorama general o en tus metas a largo plazo, puedes tener una vida más gratificante a largo plazo. Perder el tiempo en actividades sin sentido puede parecer emocionante y agradable a corto plazo. A largo plazo, sin embargo, tendrás dificultades para lidiar con metas no cumplidas y una vida llena de decepciones. ¿Es esta la vida que has visualizado para ti mismo?

Empieza gradualmente pero con seguridad. Hacer varios cambios a la vez puede ser abrumador. Sin embargo, dar pasos pequeños y cambiar lentamente un aspecto a la vez puede prepararte para crear la vida de tus sueños. Si quieres lograr algo que aún no has logrado, debes hacer algo que aún no has hecho. La autodisciplina puede ser una gran parte de eso. Si no tienes metas y la disciplina para cumplirlas, estás disparando a ciegas.

Prepárate para aprender cómo desarrollar un plan paso a paso para volverte más productivo, disciplinado y orientado a metas en tres semanas.

Capítulo Uno: ¿Qué es la Auto-Disciplina?

"La felicidad depende de la autodisciplina. Somos los mayores obstáculos para nuestra propia felicidad. Es mucho más fácil luchar contra la sociedad y contra los demás que luchar contra nuestra propia naturaleza." - Dennis Prager

Autocontrol significa controlarse a uno mismo, la capacidad de prevenir excesos no saludables, resistencia, contenerse antes de actuar, completar lo que empezaste, la habilidad de implementar decisiones y cumplir metas a pesar de los desafíos y dificultades. Una de las características principales del autocontrol es renunciar a la gratificación inmediata, alegría o placer por un beneficio mayor o resultados satisfactorios. El autocontrol está frecuentemente asociado con algo desagradable y difícil de lograr. Se sabe como algo que requiere un esfuerzo creciente, dolor y sacrificio.

Sin embargo, también puede ser agradable y tiene una multitud de beneficios además. La autodisciplina no es una acción o estilo de vida restrictivo, doloroso o punitivo. No se trata de vivir la vida de un ermitaño, ser rígido o mantenerse estrecho de miras. Si acaso, la autodisciplina es una manifestación de fuerza interior y demuestra fuerza interior.

Combinada con fuerza de voluntad y determinación, la autodisciplina puede ayudar a una persona a combatir la pereza, la inactividad, la indecisión y la procrastinación. Estas habilidades nos ayudan a tomar la acción correcta a pesar de que la acción sea desagradable y requiera un esfuerzo adicional. Eres capaz de ejercer mayor moderación, desarrollar más paciencia y volverte más tolerante.

La autodisciplina ayuda a una persona a resistir la presión externa. Un individuo que es autodisciplinado es más propenso a tomar un mayor control de sus metas y su vida, enfocarse en sus objetivos y tomar medidas definidas para lograrlos.

El valor de la autodisciplina se expresa brillantemente a través de la fábula de la liebre y la tortuga que compitieron en una carrera. La liebre estaba segura de que ganaría por ser la criatura más rápida. Se volvió complaciente y se permitió el lujo de echarse una siesta mientras la carrera estaba en curso. La tortuga avanzaba lentamente pero con constancia, y con pura fuerza de voluntad, determinación y autodisciplina, logró ganar la carrera.

Capítulo Dos: Formas Poderosas de Comenzar con la Combinación de Hábitos

"La capacidad de disciplinarte para retrasar la gratificación a corto plazo con el fin de disfrutar de mayores recompensas a largo plazo es el requisito indispensable para el éxito." - Maxwell Maltz

Hábito 1 - Identificar las cosas que son un obstáculo para tu éxito

El primer paso hacia el desarrollo de una mayor autodisciplina es identificar hábitos, acciones, adicciones, comportamientos y rutinas que sean un obstáculo para tus metas personales o profesionales. Por ejemplo, como atleta, estás compitiendo para calificar en un gran evento deportivo importante. Implica horas de práctica, actividad física rigurosa y una fuerte actitud mental.

¿Cuáles son los hábitos o acciones que pueden ser un obstáculo para este objetivo? No levantarse temprano por la mañana para practicar, no comer alimentos que te den más fuerza y nutrición, y perder tiempo de práctica jugando videojuegos en línea. Estos son elementos que pueden alejarte de ayudarte a lograr tu objetivo.

Haz una lista de cosas que desees eliminar o incorporar en tu vida. Esto solo sucederá cuando puedas identificar tus metas y las cualidades o hábitos necesarios para alcanzarlas.

Por ejemplo, si tu objetivo es perder peso, habrá una lista de cosas que tendrás que hacer y evitar, como evitar la comida chatarra, reducir los postres, comer en porciones pequeñas, comer a intervalos regulares, reducir la ingesta de calorías y consumir alimentos altos en nutrición para mantenerte con energía durante el día.

Hábito 2 - Comienza pequeño

No puedes despertar una mañana y transformarte en una persona disciplinada. No es alguna ceremonia en un evento o una elegante resolución de año nuevo que garantice cambiarte de la noche a la mañana.

Una persona necesita comenzar a hacer cambios lentos pero definitivos en su vida para ganar mayor autodisciplina. Por supuesto, puedes hacer una resolución de Año Nuevo pero no puedes cambiar todo de una vez. No puedes decir, este año voy a cambiar mi vida por completo. No funciona así. Hacer varios cambios grandes en tu vida de repente puede ser estresante y agotador. Es impráctico seguir todo de una vez. Eventualmente te cansarás y te rendirás.

Ve despacio pero con firmeza cuando se trata de ser

más disciplinado. Empieza por cambiar un aspecto de tu vida. Si crees que hay demasiados cambios que necesitas hacer, aborda un aspecto a la vez. Por ejemplo, comienza cambiando tus hábitos alimenticios. Cuando logres tener un buen control sobre comer comidas saludables a tiempo, concéntrate en las actividades físicas. A continuación, enfócate en dormir y despertar a una hora fija.

De esta manera, no te estás abrumando al cambiar múltiples hábitos al mismo tiempo. En cambio, te estás enfocando en mejorar un solo aspecto de tu vida a la vez, asegurando así mejores resultados en general. Comienza pequeño pero sigue adelante hasta que hayas alcanzado la meta.

Hábito 3 - Haz una lista

Una parte importante de la autodisciplina es identificar lo que necesita ser hecho durante el día y luego asegurarse de que esté tachado de la lista. Es fácil alejarse de lo que necesitas hacer si tienes claro qué es. Es fácil olvidar cosas o perder el tiempo en actividades sin sentido en ausencia de una dirección clara.

Solo imagina que estás conduciendo un coche sin un mapa. Sabes a dónde ir pero no tienes indicaciones para llegar allí. En ausencia de un mapa de ruta claro o GPS, sigues yendo por todas partes sin saber cómo alcanzar tus objetivos.

Una lista de tareas es más o menos como un mapa de ruta que te ayudará a determinar no solo hacia dónde te diriges exactamente, sino también cómo llegar allí. Te brinda una dirección clara y un plan de acción que necesitas tomar para desarrollar una mayor autodisciplina.

Acostúmbrate a establecer una lista de prioridades de cosas importantes que hacer durante el día al final del día anterior o al principio del día. Puede ser desde escuchar un podcast inspirador o informativo en tu camino al trabajo hasta trabajar en un esquema para un proyecto que debe ser aprobado por el cliente.

Hacer una lista te ayudará a priorizar tus tareas y eliminar tareas que consumen energía y tiempo. Te permitirá decir que no a tareas que no encajen en tu esquema de cosas. Podrás identificar ladrones de tiempo y agotadores de energía.

La mejor manera de hacer las cosas temprano es obtener la ventaja temprano. Comienza tu día temprano y proponte completar el 60 por ciento de tus tareas antes del mediodía. Esto solo sucederá cuando planifiques tu nuevo día al final del día anterior. Cuando todo esté listo el día anterior, simplemente comienzas a trabajar en el nuevo día con una mente fresca y entusiasmo.

Hábito 4 - Usa la tecnología para priorizar tus tareas y hacer la vida más fácil

Abandona los juegos virtuales improductivos y descarga aplicaciones como coach.me o ZenZone. Estas son aplicaciones de entrenamiento cerebral y seguimiento de hábitos que te permiten formar nuevos hábitos y llevar un registro de ellos.

También me gusta poner un temporizador para todas

las tareas innecesarias y poco productivas como jugar a juegos o ver películas en Netflix o pasar tiempo en redes sociales. Instala una aplicación que registre la cantidad de veces que pasas en Facebook o Twitter sin hacer nada útil. Luego trabaja conscientemente para reducir este tiempo gradualmente.

Si quieres ponerte en forma, perder peso o llevar un estilo de vida más saludable en general, utiliza una aplicación de seguimiento de fitness o de seguimiento del sueño para ayudarte a controlar la cantidad de actividad física que realizas o si obtienes tu cuota de sueño sin interrupciones durante 8 horas.

Hábito 5 - Visualizar recompensas a largo plazo

Si tu razón por la que es clara, el cómo nunca será un problema. Si sabes que quieres tener éxito profesionalmente para darle a tus hijos y a tu familia una gran vida, inevitablemente encontrarás el cómo. La probabilidad de ceder a la tentación se reduce cuando mantienes tus ojos firmemente enfocados en recompensas a largo plazo.

En lugar de pensar en la gratificación instantánea, sigue visualizando metas a largo plazo. ¿Qué deseas lograr en el próximo año, cinco años o diez años? ¿Quieres llevar a tus hijos de vacaciones al extranjero? ¿Quieres comprar la casa de tus sueños? ¿Quieres tener un coche más grande? ¿Quieres expandir tu negocio? Visualizar metas a largo plazo mantiene tu mente y cuerpo disciplinados y alineados con el objetivo.

Se incrusta firmemente tus objetivos en la mente

subconsciente. Una vez que un objetivo es plantado en el flujo del subconsciente, nuestra mente subconsciente inevitablemente dirige nuestras acciones para cumplir ese objetivo.

Visualízate cumpliendo tus metas y nota cómo te sientes cuando las logras. Comprende que las metas a largo plazo, las recompensas y la felicidad requieren que renuncies a la gratificación a corto plazo. Vive mentalmente la sensación de recolectar las ricas recompensas de la autodisciplina diaria.

Uno de mis consejos favoritos para mantener tus ojos fijos en una meta a largo plazo es crear un tablero de visiones. Un tablero de visiones o sueño es un tablero grande que consta de un collage de imágenes, fotografías, frases o casi cualquier cosa que represente tu vida soñada o todo lo que deseas lograr en tu vida.

Dado que las imágenes son varias veces más poderosas que las palabras cuando se trata de enviar un mensaje claro a tu subconsciente, seguirán reforzando el objetivo en tu subconsciente. Esto significa que tus pensamientos, palabras y acciones tenderán a estar más alineados con tus objetivos que están firmemente incrustados en tu mente subconsciente.

Por ejemplo, si tu objetivo es ser un influencer en las redes sociales con un millón de seguidores/fans, tu mente subconsciente te guiará a hacer cosas que te ayudarán a obtener más seguidores, como publicar contenido interesante en tu página, interactuar con seguidores actuales, buscar colaboraciones gratificantes con otras páginas e influencers en las redes sociales, y leer libros/páginas que te acerquen un paso más a tu objetivo. Tenderás a evitar las tareas que te alejen de tu objetivo porque estás constantemente expuesto a él.

También puedes tener una visión o declaración de misión para ti mismo/a al igual que las empresas. Te dará una dirección clara de hacia dónde quieres dirigirte y te ayudará a trabajar hacia tus metas con aún más disciplina y entusiasmo.

Hábito 6 - Crear un panel de visión

Utilice un cartón grande o un tablero de corcho en el que pueda montar un collage de imágenes de diferentes usos. Utilice recortes de revistas, impresiones de imágenes de la red y otras fuentes. Encuentre imágenes con las que pueda conectarse instantáneamente. Estas no deben ser simplemente visuales al azar, sino visuales que representen sus deseos más profundos.

Puede que quieras estar cambiando estas imágenes, así que utiliza una superficie donde sea fácil de quitar y añadir nuevas imágenes. Todos hicimos álbumes de recortes de niños, donde las imágenes podían ser pegadas en forma de collage. Piensa en esto como un álbum de recortes de gran tamaño.

¿Quieres que el tablero de visión refleje un solo tema o varios temas? Por ejemplo, ¿quieres que un solo tablero de visión refleje un único objetivo de una casa de ensueño o destino vacacional de ensueño (añades varias imágenes de cómo quieres que se vea tu casa de ensueño o destino vacacional en tableros de visión separados) o quieres que una casa de ensueño, un coche y un trabajo se reflejen en un solo tablero de visión. Los álbumes de recortes pueden ser buenos si es lo último porque tienen varios temas.

Sé claro acerca de lo que exactamente quieres y no sobrecargues tu tablero con demasiadas imágenes a la vez. Mantenlo significativo, relevante y selectivo. Concéntrate en no más de 3-4 objetivos a la vez. Mirar las visualizaciones de tus objetivos debería ayudarte a experimentar cómo se siente lograr esos objetivos. Deberías sentirte emocionado, feliz, motivado y en paz cuando mires estas imágenes. Piensa en ellas como pistas que hablan sobre los deseos más profundos de tu corazón.

A algunas personas les gusta agregar sus imágenes para darle un toque más personal. Por ejemplo, ¿qué tal imágenes tuyas en una casa que acabas de ver, o en un coche que has probado recientemente, o quizás junto a un mueble elegante que ha estado en tu lista de deseos durante mucho tiempo? Puede ser una imagen antigua tuya cuando pesabas unos cuantos kilos menos si deseas quitarte los kilos de más y ponerte en forma.

Uno de los aspectos más importantes de un tablero de visiones es que debe colocarse en una posición muy prominente, donde puedas verlo varias veces a lo largo del día. La idea es seguir incrustando estas imágenes en tu mente subconsciente durante todo el día. ¿Qué tal una pared que esté directamente frente a tu cama, donde puedas verlo al despertar cada mañana? Cuanto más te expongas a estas imágenes, más estarás motivando o condicionando tu mente para lograrlas.

Dedica unos minutos cada día a reflexionar sobre estos objetivos. Cierra los ojos (una buena práctica es hacerlo al principio o al final de cada día) y pasa tiempo pensando cómo sería lograr estos objetivos. Experimenta cómo se siente cuando obtienes lo que deseas. ¿Cómo te sientes? ¿Qué emociones experimentas? ¿Cómo cambia tu vida? Imagina cómo harás las cosas de manera diferente o qué dirás o cuáles serán tus acciones cuando logres tu objetivo. ¡Interioriza la sensación de haber logrado lo que realmente deseas en la vida! ¡Esto hará que tus metas sean más interesantes y llenas de fuerza!

Hábito 7 - Meditar

Una de las mejores formas de controlar tu mente y cuerpo mientras desarrollas una mayor autodisciplina es practicar la meditación a diario. No es necesario hacer un ritual elaborado, completo con varillas de incienso, velas y campanas sonando en segundo plano. Medita cuando y donde te sientas cómodo.

La idea es ser más consciente y deliberado en tus pensamientos y acciones. Se trata de poder dirigir tu mente y pensamientos de manera disciplinada. La idea es barrer las telarañas de pensamientos negativos que invaden nuestra mente periódicamente.

La investigación ha demostrado que nuestro éxito está directamente influenciado por nuestra determinación interna y motivación. Una práctica regular y constante de meditación puede maximizar drásticamente tu fuerza de voluntad, resolución y autocontrol.

Todos anhelamos la gratificación inmediata en algún momento u otro sin preocuparnos por las ramificaciones o consecuencias de ello. Es como anhelar una "solución". En el éxtasis de la gratificación inmediata, los objetivos a largo plazo se vuelven borrosos. Hay poco culpa o arrepentimiento cuando se piensa en recompensas instantáneas. Por ejemplo, un grupo de amigos te sugiere que te unas a ellos para un viaje de fin de semana largo cuando tienes una reunión importante el lunes. La tentación de irte de vacaciones relajantes en lugar de una reunión aburrida en el trabajo puede ser alta.

Prefiero estar sentado en una cabaña en la montaña de fiesta con tus amigos que estar frente a un jefe aburrido y compañeros de trabajo. Sin embargo, ¿saltarse el trabajo está contribuyendo a tu objetivo de una promoción o conseguir un salario más alto o mudarse a una mejor organización? Una vez que hayas alcanzado tu capricho, es posible que te sumerjas en la habitual culpa y arrepentimiento de haberte perdido un día importante en el trabajo. ¿Te hace sentir bien el día festivo que acabas de disfrutar?

La meditación te previene de tomar decisiones impulsivas, en el calor del momento y destructivas. ¿Qué tal si consumes una bolsa de papas fritas cuando estás a dieta? ¿O fumas cuando has decidido eliminar el consumo de nicotina para siempre? Es menos probable que tomes estas decisiones "del momento" y pienses en las ramificaciones a largo plazo de cada decisión.

Científicos de la Universidad de Duke estudiaron los cerebros de 37 personas que estaban a dieta mientras se les mostraban imágenes de varios alimentos tentadores. La investigación reveló que la sección del córtex prefrontal dorsolateral del cerebro se activa poderosamente en personas que poseen un alto nivel de determinación o fuerza de voluntad. Esta misma área exacta del cerebro también se estimula durante la meditación.

La meditación libera las hormonas del bienestar del cerebro, lo cual es excelente cuando se trata de combatir los antojos momentáneos. Hay sustancias químicas específicas como endorfinas y dopamina en nuestro cerebro que se liberan cuando obtenemos nuestras "soluciones instantáneas". Estas son las sustancias químicas que ayudan a reducir el estrés.

Cuando meditas, activas estos químicos y combates el estrés sin buscar gratificación instantánea o placer. La meditación libera estos químicos de una manera más saludable y natural, limitando así tus impulsos o ansias. Esto termina inevitablemente aumentando aún más tu fuerza de voluntad y determinación.

Aquí hay algunos pasos simples pero efectivos para practicar la meditación.

Elige un entorno tranquilo, cómodo y relajante que esté libre de distracciones mientras meditas. Un lugar tranquilo te ayudará a concentrarte mejor y evitar distracciones externas. Puedes meditar desde 5 minutos hasta una hora dependiendo del tiempo disponible. Incluso si encuentras un rincón tranquilo en la oficina durante 5-10 minutos, hazlo. Incluso un armario empotrado o un banco en el parque pueden ser perfectos. Pon tu teléfono en silencio, aleja todos los gadgets y aíslate de otros ruidos.

Siéntate en una posición cómoda en una silla o en el suelo. Usa almohadas si necesitas apoyo. La idea es mantener una postura relajada y cómoda. Intenta mantener un tiempo fijo al meditar cada día. Esto hará que sea parte de tu rutina.

Despeja tu mente de todos los pensamientos. Trata de no pensar en nada más y prepara tu mente solo para concentrarte en la respiración.

Cierra los ojos. Comienza por enfocarte en tu respiración. Toma respiraciones lentas y profundas contando lentamente. Deja que el aire pase por tu nariz, pulmones y estómago. Presta mucha atención a cada parte del cuerpo mientras se llena de aire fresco. De manera similar, presta atención al aire que sale de tu cuerpo al exhalar. Concéntrate en el acto de inhalar y exhalar mientras eliminas todos los demás pensamientos.

Si encuentras que tu mente o pensamientos divagan, dirígelos suavemente de vuelta a la respiración. No será fácil entrenar tu mente/pensamientos para ser más controlados o disciplinados. Sin embargo, con práctica, sabrás cómo dirigir tus pensamientos de vuelta a la respiración. Si encuentras que tu mente es dominada por un pensamiento convincente, dale breve atención y déjalo pasar. Dirige la atención de la mente de nuevo a la respiración suavemente. Puedes poner un temporizador para saber cuándo termina la sesión de meditación.

También puedes usar imágenes mentales para guiarte. Piensa en visuales como una flor en tu vientre. Visualiza cómo los pétalos despliegan y se pliegan cada vez que inhalas y exhalas. Esto entrenará tu mente para enfocarse claramente en la respiración e imágenes mentales.

A algunas personas les gusta repetir un poderoso mantra o afirmación mientras meditan. Puede ser un sonido, frase, oración o palabra que resuene con tus objetivos o lo que realmente estás buscando en la vida o algo que tenga un profundo significado en tu vida. Repite en silencio la afirmación o mantra varias veces hasta que tu mente subconsciente la interiorice.

Nuevamente, no te preocupes por la mente errante. Permite que tu mente divague y luego vuelve a enfocarte en el mantra o la afirmación.

A algunas personas les gusta centrarse en un objeto tangible mientras meditan. Puede ser cualquier cosa, desde una estatua de Buda hasta una flor o la llama parpadeante de una vela. Mantén el objeto en el que estás meditando a la altura de los ojos para que no tengas que esforzarte demasiado para verlo. Observa el objeto hasta que consuma por completo la visión.

La visualización también es una técnica de meditación muy conocida. Se trata de crear un espacio sereno en la mente. Puedes imaginar un lugar que brinde inmensa alegría o felicidad. Puede ser real o imaginado. Piensa en una pradera verde exuberante o una playa idílica y deja que se convierta en tu santuario mental. Experimenta la brisa fresca soplando contra tu cabello y rostro. Piensa en los diferentes elementos que hacen hermoso al lugar. ¿Cómo se ve el lugar? ¿Cómo se siente? ¿Cuáles son las vistas y sonidos que experimentas a tu alrededor?

Hábito 8 - Haz un escaneo corporal de meditación

Enfócate en cada parte del cuerpo individualmente. Relaja conscientemente cada músculo y libera la tensión o rigidez dentro de la parte. Comienza por los dedos de los pies y avanza hacia arriba desde los pies, pantorrillas, piernas, rodillas, muslos, caderas, abdomen, pulmones, espalda, hombros, manos, palmas, dedos, cuello, orejas y cabeza. Tómate todo el tiempo que desees con cada parte del cuerpo. Experimenta y disfruta la sensación de enfocarte en cada parte del cuerpo.

Capítulo Tres: Estrategias Probadas para Construir y Mantener Hábitos Poderosos

Si quieres cultivar un hábito, hazlo sin reservas, hasta que esté firmemente establecido. Hasta que esté confirmado, hasta que se convierta en parte de tu carácter, que no haya excepciones, ni relajación del esfuerzo. - Mahavira

¿Sabes cómo Benjamin Franklin logró superar sus hábitos negativos y reemplazarlos con otros más positivos? Él hizo una lista de 13 virtudes que eran fundamentales en su vida personal y profesional. El líder mundialmente reconocido luego se dedicó a centrarse en una sola virtud durante una semana a lo largo de una fase de 13 semanas. Al final de cada semana, superaba el hábito negativo y luego pasaba a superar el siguiente hábito.

Buenos hábitos son la base de la autodisciplina. Cuando desarrollas hábitos buenos, positivos y constructivos, es fácil llevar una vida controlada y disciplinada que significa éxito.

¿No sería increíble si nuestra vida funcionara en piloto automático? ¿Qué tal correr, comer de forma saludable, terminar proyectos a tiempo y más en piloto automático? Desafortunadamente, así no es como funciona. Eres prácticamente dueño de lo que haces. Sin embargo, se vuelve más fácil cuando programas tus acciones como hábitos constructivos y positivos. Con un poco de disciplina inicial, puedes desarrollar hábitos sólidos y duraderos que pueden transformar tu vida personal y profesional. El verdadero desafío no es desarrollar hábitos positivos, sino mantenerlos a lo largo del tiempo.

Aquí tienes algunos de los trucos más efectivos para crear y mantener hábitos positivos.

Hábito 9 - Comienza pequeño y date 30 días.

De nuevo, no puedes empezar a hacer grandes cambios en tu vida de repente. Los hábitos necesitan tiempo para construirse y desarrollarse. Por más infeliz que estés con tu presente, no puedes transformarlo en un día. Muchas personas están muy entusiasmadas con hacer demasiados cambios repentinos en sus vidas, solo para sentirse abrumadas y rendirse. Por ejemplo, si te has propuesto dedicar 2 horas al día al estudio, no empieces con dos horas de inmediato.

Comienza lentamente y aumenta gradualmente. Puedes empezar estudiando durante 30 minutos cada día y aumentar lentamente tu tiempo de estudio. En lugar de hacer 100 flexiones al día, comienza con 10. Los hábitos tienen más probabilidades de tener éxito cuando empiezas pequeño y gradualmente lo incrementas.

Aprecia y disfruta los pequeños beneficios de hacer estos cambios en tu vida. Por ejemplo, si has decidido llevar una vida más activa o perder peso, nota cómo te sientes después de unos minutos de ejercicio durante los primeros días. ¿Has notado algún cambio en tu nivel de energía después de comenzar una rutina de ejercicios o una nueva dieta? Visualízate obteniendo mejores calificaciones y tu trabajo soñado después de cambiar tus hábitos de estudio.

Según la investigación, se tarda aproximadamente cuatro semanas para que un hábito se vuelva automático. Si una persona puede mantener el ciclo inicial de condicionamiento mental, el hábito se volverá casi involuntario y mucho más fácil de mantener. Un mes es un tiempo bastante bueno para comprometerse con un hábito positivo. Al igual que Benjamin Franklin, bloquee un mes para desarrollar y mantener un nuevo hábito.

La coherencia es fundamental para el éxito en el desarrollo y mantenimiento de nuevos hábitos. Si has decidido correr un par de kilómetros cada mañana, levántate y hazlo todos los días durante los primeros treinta días sin interrupción. Si decides ir solo algunos días a la semana, será más difícil mantener el hábito. Los hábitos que se practican en pausas tienden a desvanecerse.

Haz algo de forma continua y sin interrupción, si quieres convertirlo en un hábito. Cuanto más consistente y regular seas al seguir un hábito, más fácil y sin esfuerzo se vuelve mantenerlo.

Hábito 10 - Enjuagar

Swish es una técnica de Programación Neurolingüística que tiene que ver con entrenar tu mente a través de la visualización negativa. En la técnica del swish, una persona se visualiza a sí misma realizando el hábito negativo. A continuación, imagínate eliminando el mal hábito y reemplazándolo con una alternativa más positiva.

Digamos que quieres dejar de fumar. Visualízate físicamente levantando un cigarrillo y colocándolo. A continuación, imagínate/visualízate respirando aire fresco o huyendo del cigarrillo. Repite esto varias veces hasta que experimentes involuntariamente el patrón antes de renunciar realmente al hábito negativo.

Haz que este consejo lleno de poder sea aún más impactante combinándolo con un modelo a seguir. Pasa tiempo con una persona o personas cuyos hábitos quieras imitar en tus propios hábitos. Una investigación reciente descubrió que las personas que tenían amigos obesos tenían mayores probabilidades de volverse obesas. Por lo tanto, verdaderamente te conviertes en lo que eliges dedicar tu tiempo y energía.

Reestructura tu entorno de una manera que te facilite abandonar el mal hábito o formar nuevos y positivos hábitos. Por ejemplo, si deseas dejar el alcohol, evita tomar una ruta que tenga demasiados bares en el camino. Toma una ruta diferente de regreso a casa desde el trabajo. De la misma manera, elimina la comida chatarra de la casa si deseas llevar una vida más saludable y en forma. Si te das cuenta de que pasas demasiado tiempo en Netflix, cancela tu suscripción. Deshazte de los cigarrillos y el alcohol si deseas abandonar la adicción. Además, deja de frecuentar círculos sociales que refuercen los hábitos que deseas abandonar.

Por ejemplo, si planeas renunciar a beber, es mejor dejar de moverte o socializar con personas que beben. Esto eliminará tu lucha de voluntad. En cambio, encuentra un compañero que te mantendrá animado y motivado para seguir con tu hábito.

Del mismo modo, si tienes ganas de ir al gimnasio cada mañana antes de ir al trabajo, mantén tu ropa de gimnasio lista la noche anterior. Deja tu bolsa de gimnasio completamente preparada y lista en la entrada de la habitación. Cuando te despiertes por la mañana, lo primero que verás al salir de la habitación es la bolsa. Esto te recordará tu objetivo o hábito de visitar el gimnasio cada mañana. Estas son pistas del entorno que te ayudarán a crear el ambiente adecuado para perseguir tus hábitos y metas positivas.

Hábito 11 - Recompénsate de manera saludable

La razón por la que muchas personas desarrollan hábitos malos o negativos es porque les brinda alguna sensación agradable. Si quitas esta gratificación o sensación agradable de golpe, será difícil mantener el buen hábito. En su lugar, acostúmbrate a premiarte de vez en cuando cuando logres resistir la tentación con éxito. Por ejemplo, si logras saltarte los postres durante toda la semana, date un pequeño pastel o cupcake el domingo.

De igual manera, date el gusto de disfrutar de tu café favorito durante un fin de semana si logras mantenerte alejado del alcohol durante toda la semana. Buscamos una experiencia placentera porque nos hace sentir menos estresados. Sin embargo, después de la experiencia placentera, desarrollamos un sentimiento de culpa o arrepentimiento. Para evitar caer de nuevo en el antiguo patrón de malos hábitos, date un premio ocasional. Asegúrate de que tus premios sean saludables y equilibrados.

Cómprate un nuevo libro, recompénsate con un vestido nuevo, ve a un concierto al que quisieras ir desde hace tiempo, compra equipo de ejercicio nuevo, y más. ¡Incluso algo tan simple como una taza de tu latte favorito o tomarte un tiempo para visitar una galería de arte puede ser una recompensa increíble! Trabaja duro para ganarte estas recompensas y disfrútalas sin sentirte culpable.

Una de las mejores formas de abandonar hábitos poco saludables es contar con el apoyo de la familia y amigos. Siempre informa a las personas en las que confías sobre lo que te esfuerzas por lograr. Ellos serán más comprensivos cuando rechaces la bebida, no vayas al pub con ellos después del trabajo o te saltes el postre. De hecho, te motivarán y apoyarán para resistir la tentación de caer de nuevo en el patrón antiguo. Te ayudarán a mantenerte alejado de las tentaciones, serán tus animadores e incluso te brindarán el apoyo moral necesario cuando te sientas decaído. Todos podríamos utilizar unos animadores que nos apoyen en alcanzar nuestros objetivos.

Una cosa que funciona maravillas para algunas personas es hacerse responsable ante unos cuantos grupos de personas de confianza. Por ejemplo, puedes darles a esas personas dentro de tu círculo íntimo algo de dinero y pedirles que no te lo devuelvan hasta que hayas implementado el buen hábito, o resistido la tentación de ceder ante el mal hábito un número específico de veces. Por ejemplo, si tienes la intención de llevar una vida más saludable y dejar la comida chatarra, pídele a un amigo que te devuelva tu dinero solo después de haber evitado la comida chatarra y haber comido de forma saludable durante una semana. De esta manera, te haces responsable ante alguien mientras desarrollas hábitos positivos.

Hábito 12 - Predecir problemas potenciales y tener un plan listo para superarlos

Cuando buscas desarrollar hábitos positivos o abandonar hábitos destructivos, habrá algunos obstáculos o desafíos en el camino. Planifica tus pasos de acción con anticipación para combatir estos desafíos potenciales.

Toma, por ejemplo, que decidiste ir al gimnasio antes de ir al trabajo levantándote a las 6 de la mañana. Puede haber varios desafíos en esto, incluido presionar la alarma cuando suena a las 6 am. Ahora, ya eres consciente de estos posibles desafíos porque sabes que no eres madrugador o que has intentado sin éxito levantarte a las 6 am cada mañana anteriormente.

Sin embargo, ahora que sabes que el enfoque anterior

no ha funcionado, intenta pensar en una nueva estrategia en la que no te estés preparando para otra decepción. Trata de pensar en diferentes formas, donde se necesita más esfuerzo para apagar el despertador. Esto te hará difícil el volver a dormir. ¿Qué tal si pones el despertador un poco más lejos de la cama para que te veas obligado a levantarte y caminar cierta distancia para apagarlo?

De esta manera, es mucho menos probable que vuelvas a la cama ya que has hecho un esfuerzo para caminar y ahora estás completamente despierto.

Aprende a reformular errores si tu intento inicial no tiene éxito. No te rindas si tu primer intento falla. Inténtalo de nuevo. Trata de convertir estos errores en oportunidades sólidas. Quién sabe, intentar unas cuantas veces más puede ayudarte a desarrollar un hábito positivo o abandonar un hábito negativo. Los investigadores descubrieron que nuestro cerebro tiene dos posibles respuestas a un error: resolver el problema o desconectarse de él.

Cuando prestas atención conscientemente al error, puedes idear nuevas formas de combatirlo y corregirlo en el futuro. Desconectarse del error a nivel neuronal puede sentirse bien en el momento presente. Sin embargo, no te ayuda en circunstancias futuras. Observa detenidamente dónde fallas o los errores que cometes para que puedas manejarlos mejor en el futuro.

Los hábitos son bucles continuos en los que trabajamos en un nivel más automatizado. Ten un plan claro de si-entonces para romper con el bucle vicioso de un mal hábito y reemplazarlo con hábitos más positivos.

Conozco personas que hacen diagramas de flujo para guiarse cuando surgen desafíos potenciales o incluso cuando logran resistir con éxito el hábito (tiempo de recompensa).

Hábito 13 - Usa el diálogo interno positivo

Los malos hábitos se abrieron camino en tu vida por alguna razón. Podría ser baja autoestima, estrés, falta de orientación, sensación de placer o simplemente aburrimiento. Podrías estar mordiéndote las uñas por estrés o bebiendo en exceso debido al aburrimiento total. Sin embargo, no hay nada que tu mente no pueda aprender a hacer cuando te dedicas a hablar contigo mismo de manera positiva, alentadora e inspiradora. Los hábitos malos o negativos pueden ser reemplazados por hábitos positivos cuando eres honesto contigo mismo y te tomas en serio hacer cambios positivos en tu vida a través de la autodisciplina.

Puede haber mucho diálogo interno negativo durante la fase de superar malos hábitos. A veces, es posible que no tengas éxito al resistir un impulso y te juzgues duramente por no poder controlar el hábito. Muéstrate amor y compasión. No sigas recordándote lo mal que eres al involucrarte en diálogo interno negativo.

Trata de adquirir el hábito de usar "pero" en tus oraciones cada vez que te encuentres tentado a sucumbir al diálogo interno negativo. Independientemente de lo que digas, siempre agrega un "pero" a tu afirmación para transformarla en un diálogo interno más constructivo. Por ejemplo, "No estoy en una forma perfecta ahora, pero podría estarlo en los próximos meses si sigo mi dieta" o "Soy un fracaso trabajando en este proyecto, pero estoy aprendiendo cosas nuevas y puedo mejorar cada día si paso menos tiempo jugando o viendo televisión".

Cada vez que te pierdes un entrenamiento, comes alimentos no saludables o duermes horas extras, no te conviertes en una mala persona. No es motivo para volver al viejo patrón. Mucha gente comete errores un par de veces y piensa que no pueden renunciar a un mal hábito. Eso no es cierto. No estás siendo una mala persona; simplemente estás siendo humano.

En lugar de castigarte duro por todos los errores, planea posibles desafíos con anticipación y mantente animándote a través de un diálogo interno positivo. Los mejores intérpretes no son aquellos que nunca se desvían del camino. ¡Simplemente vuelven al camino más rápido que los demás!

Mantén tu diálogo interno enfocado en el presente en lugar de tejerlo con la ansiedad del futuro. Cuando te sientas atrapado en un hábito o situación, piensa en cómo puedes cambiarlo en el presente, y deja que tu diálogo interno gire en torno a eso.

Capítulo Cuatro: Ganar el Juego de Gestión del Tiempo

"El tiempo es la moneda más valiosa en tu vida. Tú y solo tú determinarás cómo se gastará esa moneda. Ten cuidado de no permitir que otras personas la gasten por ti." - Carl Sandburg.

¿Alguna vez te has preguntado por qué mientras todos tienen 24 horas al día, algunas personas logran hacer tanto en un día y otras apenas logran completar sus tareas? Todo se trata de gestionar el tiempo y maximizar la productividad. Con las técnicas adecuadas, estrategias e ideas ingeniosas, puedes exprimir al máximo el día. Cuando alguien dice que no tiene tiempo para hacer varias cosas, simplemente puede significar que no tiene la habilidad de planificar su tiempo muy bien. Gestionar bien tu tiempo te hace más eficiente, productivo, libre de estrés y orientado a un propósito o meta.

Aquí tienes algunos de mis mejores consejos para administrar bien tu tiempo y maximizar la productividad.

Día 14 - Priorizar tareas

El coautor de "First Things First", Stephen Covey, ha propuesto un excelente truco para priorizar tus tareas en cuatro categorías basadas en dos parámetros - importante y urgente.

Mira cuidadosamente cómo pasas el tiempo a lo largo del día. ¿Cuáles son las actividades típicas que consumen tu tiempo? Clasifica cada tarea en tu lista de cosas por hacer en una de las cuatro clasificaciones. Las tareas que son importantes y urgentes deben ser abordadas primero ya que están limitadas en el tiempo y son importantes. No pospongas estas tareas para más adelante y termínalas de inmediato. Puede ser un proyecto importante y limitado en el tiempo que tienes que entregar en un par de días o una cita con el médico por un problema importante de salud.

Las próximas dos categorías son importantes pero no urgentes y urgentes pero no importantes. En la primera categoría, puede que tengas tiempo pero sigue siendo importante y necesita ser completada. Por ejemplo, tal vez tengas que presentar una propuesta preliminar a un cliente potencial que no tiene prisa por recibirla. Puede que no esté limitada por el tiempo, pero son una gran empresa/cliente, por lo que sigue siendo importante.

Dale tu tiempo porque es importante. Estos últimos "urgentes pero no importantes" pueden ser tareas limitadas por el tiempo que realmente no valen la pena apresurarse. Puede que no tengan mucho valor al finalizar. Por ejemplo, alguien puede decirte que están atrasados con un plazo y si podrías ayudarles con un proyecto. Puede parecer urgente pero tiene poco valor o importancia para ti. Si no es importante para ti, es mejor que te enfoques en cosas que son urgentes e importantes o al menos importantes para ti. Estas tareas pueden ser delegadas a otras personas.

Toma, por ejemplo, que estás manejando un cliente grande y otro cliente de menor nivel que no tiene mucho presupuesto y está empezando y necesita tus servicios de manera oportuna. Ya estás ocupado con un cliente grande y aunque cada cliente es importante, el pequeño no va a agregar mucho valor a tu negocio u organización. Así que aunque el trabajo del cliente es urgente, no es tan importante para ti como un cliente más grande. Puedes delegar la comunicación con el cliente más pequeño a un subordinado, lo cual te ayudará a enfocarte en el cliente más grande y más importante que está agregando mayor valor a la organización.

Del mismo modo, algunas tareas administrativas pequeñas pueden ser urgentes pero no son importantes desde su perspectiva ni la de la empresa. Estas pueden ser externalizadas o delegadas para hacer tiempo para tareas más urgentes e importantes. Así es como se prioriza y se gestiona el tiempo.

De manera similar, la última categoría son tareas que no son importantes ni urgentes. Están destinadas a aparecer en la parte inferior de la lista ya que no están sujetas al tiempo ni tienen mucho valor. Todas tus actividades improductivas como navegar por internet sin rumbo, pasar tiempo en redes sociales, jugar juegos virtuales, ver televisión durante horas y otras actividades fútiles entran en esta lista. No caigas en cosas de baja prioridad que te den la idea de estar ocupado. Deja esto solo después de haber completado las tareas en las otras tres categorías.

Comience cada día haciendo una lista de al menos tres o cuatro tareas que son importantes y urgentes, las cuales necesitan ser abordadas de inmediato. Marque cada una cuando la complete. Esto le dará una sensación de logro y lo mantendrá enfocado en sus metas.

Día 15 - Domina el arte de decir un no firme

Tú eres el único jefe de tu día y actividades. Tienes control completo sobre lo que quieres hacer y lo que no quieres hacer, lo que significa que tienes todo el derecho de rechazar actividades que no encajan con tus metas o que tienen baja prioridad para ti. Conozco a muchas personas cuyo horario se vuelve un desastre completo simplemente porque no pueden decir un no asertivo a la gente, debido al miedo de parecer groseros o poco considerados.

Bueno, milagrosamente, están bien siendo groseros e injustos con ellos mismos. Si eres uno de ellos, ¡empieza a decir que no hoy! Esto no significa que no ayudes a la gente o que no te tomes tiempo para los demás. Simplemente significa no permitir que la gente se aproveche de ti para ocupar tu tiempo en sus tareas cuando tienes tareas de alta prioridad por terminar. Cualquier cosa que no te haga productivo puede que no valga la pena el tiempo y el esfuerzo.

No seas un complacedor de personas todo el tiempo. Sé rápido y firme. No te tomes demasiado tiempo cuando se trata de responder a solicitudes que no quieres cumplir o que no tienes tiempo para cumplir. Si estás indeciso y necesitas más tiempo, reconoce su solicitud y pide más tiempo para volver a ellos. Además, cuando digas que no, asegúrate de darles una razón clara.

Deje que la otra persona entienda por qué respondiste de una manera en particular en lugar de simplemente leer una respuesta breve y contundente. "Por qué" les facilitará asimilar el hecho de que simplemente no estás listo para la tarea en este momento. Además, sé más franco, no te entretengas y luego termines dando una excusa pobre en el último minuto. Cuando sabes que no puedes hacer algo, sé claro y contundente desde el principio. Esto ayudará a la otra persona a buscar alternativas en lugar de depender de ti.

Mantén tu respuesta simple y al punto, ofreciendo una clara razón para decir que no. Sé directo, claro y firme. Utiliza frases como, "Gracias por acercarte a mí para ayudarte con este proyecto pero me temo que no es el mejor momento para que asuma más trabajo." Mantén tu postura (lenguaje corporal) asertiva y firme. No te sientas culpable ni te disculpes en exceso.

Así como alguien cree que tiene derecho a pedirte un favor, también tienes derecho a rechazarlo. Entiende que has rechazado la solicitud de la persona, no a la persona. Esto te ayudará a ser más sincero y justo contigo mismo.

Haz tiempo para las cosas que son importantes o que te importan más que una respuesta rápida y automática de sí. Conoce las consecuencias de cumplir con una petición cuidadosamente antes de aceptarla. Por ejemplo, si aceptas ayudar a un amigo a mudarse durante el fin de semana, tendrás que cancelar un viaje de fin de semana con otros amigos.

¿Estás preparado para renunciar a ayudar a un amigo a mudarse? ¿Puede él o ella encontrar a otra persona para que no tengas que sacrificar un viaje planeado previamente? ¿Está el amigo dispuesto a esperar otra semana para que puedas hacer ambas cosas, ayudarle a mudarse y disfrutar del viaje? Conoce las consecuencias de tu decisión y piensa en todas las opciones posibles si realmente quieres ayudar.

Si no quieres ayudar, un simple y asertivo "Lo siento, me encantaría ayudarte a mudarte pero ya tengo un viaje planeado para este fin de semana" debería ser suficiente. No debes sentir la necesidad de explicarte demasiado después de tomar una decisión.

Ten cuidado con las tácticas que la gente utiliza para inducir un sentimiento de culpabilidad en ti. Todas estas son tácticas de persuasión. A veces, rechazar una gran petición y la gente puede proponerte una más pequeña con la esperanza de que la aceptes por haber rechazado la primera. Di un no firme y claro también para la segunda petición si no estás interesado/a en ello. No te convierte en una mala persona.

La gente intentará compararte con otros solo para que aceptes su solicitud. Simplemente di que eres tu propia persona y lo que hace alguien más no tiene consecuencia para ti. No estás obligado/a a decir "sí" porque alguien más lo hizo.

Ofrece un cumplido y expresa gratitud si no quieres que tu "no" sea percibido como demasiado insensible. Por ejemplo, si un amigo te pide que cuides a su hija mientras él está fuera en una fiesta, di algo como: "Realmente me conmueve que confíes en mí cuando se trata de cuidar a Suzie. Realmente significa mucho para mí que confíes en mí para cuidar de tu hija porque sé que ella lo es todo para ti. Sin embargo, estoy trabajando en un proyecto importante y no podré cuidar de ella esta noche. No sería justo para mi trabajo y para Suzie si intentara hacer ambas cosas al mismo tiempo." Así es como acabas de decir no de la manera más dulce posible.

Hábito 16 - La técnica Pomodoro

Esta es una técnica de gestión del tiempo que muchas personas exitosas en todo el mundo juran por ella. Es una estrategia simple pero sorprendentemente efectiva para administrar bien tu tiempo.

La técnica fue desarrollada por primera vez por Francesco Cirillo en los años 80. Usando esta técnica, se establece un temporizador para una tarea predefinida de 25 minutos. Una vez que los 25 minutos han pasado, marcas la tarea como completada. Esto es la finalización de un solo ciclo de pomodoro.

Cirillo usaba un temporizador de cocina en forma de tomate como su cronómetro y el nombre se quedó. Pomodoro es italiano para tomate.

Si tienes menos de cuatro marcas de verificación en la lista, te concedas un pequeño descanso de 5 minutos. Sin embargo, si completas con éxito cuatro ciclos de pomodoro de 25 minutos cada uno, te premias con un descanso más largo de 15-30 minutos.

Después de completar cada cuatro pomodoros, tomas un descanso largo (15-30 minutos). Después de completar cada pomodoro, puedes tomar un mini descanso de 3-5 minutos antes de volver al siguiente ciclo o pomodoro. Si completas la tarea antes de los 25 minutos, el tiempo restante se debe dedicar a aprender o adquirir conocimiento sobre cómo realizar la tarea específica de manera aún más efectiva.

El objetivo de la técnica es minimizar las distracciones internas y externas al completar una tarea. Es abrir paso para un mayor enfoque, esfuerzo y flujo. Inviertes toda tu energía en una sola tarea durante 25 minutos seguidos, asegurando así pocas distracciones y resultados óptimos. Haciendo cálculos simples, completas cuatro pomodoros o 100 minutos de trabajo con 15 minutos de descanso entre los pomodoros. Después de esto, tomas un descanso de 15 a 30 minutos. Cualquier interrupción durante un pomodoro en curso se retrasa hasta que termine el pomodoro de 25 minutos.

Por ejemplo, si recibes una llamada, simplemente le dices a la persona que volverás a llamar en la próxima media hora.

¿Cómo pueden ayudar las pausas frecuentes?

Las pausas frecuentes ayudan a mantener tu mente enfocada, refrescarla y pensar con claridad. Según la página oficial de Pomodoro, la técnica es altamente efectiva y los resultados pueden verse casi de inmediato (en uno o dos días). Usa la técnica durante una a tres semanas consecutivas y la dominarás.

La técnica funciona porque te enfocas con determinación en completar una tarea a la vez en lugar de realizar varias tareas simultáneamente. Cuando un reloj está tic-taqueando frenéticamente en tu escritorio y tienes que completar una tarea en los próximos 25 minutos, pasarás por alto cualquier otra cosa sin importancia como revisar correos electrónicos o tu feed de redes sociales. Puede ser un cambio de juego en tu productividad personal si entiendes su potencial.

No solo dejarás de trabajar mientras haces varias cosas sin sentido al mismo tiempo, sino que también desarrollarás un sentido de urgencia y enfoque.

Muchos de nosotros tenemos esta tendencia molesta de pasar más tiempo en una tarea de lo necesario en un intento de lograr la sobreperfección.

La técnica Pomodoro te ayudará a dividir tu tiempo para completar múltiples tareas sin necesidad de pasar más tiempo del necesario en una sola tarea y retrasar posteriormente todas las demás tareas. También desarrollarás una mayor autodisciplina, niveles más altos de concentración y más fuerza de voluntad. ¿Puedes imaginar la cantidad de estrés que se reduce cuando te enfocas solo en una tarea a la vez?

Hábito 17 - Superar las distracciones

Uno de los aspectos más importantes de la autodisciplina es eliminar o resistir las distracciones cuando tienes tareas importantes por completar o te beneficiarías más invirtiendo tu tiempo en actividades productivas. Rastrea las interrupciones, especialmente aquellas que provienen de las redes sociales y aplicaciones de mensajería. Estos son los asesinos del tiempo insidiosos y adictivos.

Se requieren grandes reservas de fuerza de voluntad para cerrar la puerta a estas distracciones aparentemente interesantes y convincentes. En lugar de estar siempre en múltiples cosas simultáneamente, haz tiempo para estas cosas "interesantes" durante un descanso.

Cada vez que logres evitar una distracción con éxito, recompénsate con un descanso en el que puedas hacer todas las actividades diversas que no forman parte de tu trabajo, como revisar las fotografías de vacaciones de tu amigo en Instagram o ponerte al día con un amigo en el chat para hacer planes para el fin de semana.

Mantén tu entorno libre de distracciones mientras trabajas o completas tareas importantes. Por ejemplo, retira todos los gadgets de tu sala de trabajo o escritorio. En su lugar, mantén solo posters motivacionales, libros y documentos relacionados con el trabajo en la habitación o escritorio.

Hábito 18 - Realizar auditorías de tiempo

Me gusta hacer una auditoría del tiempo, por hilarante que parezca. Me permite medir y llevar un seguimiento de dónde paso la mayoría de mi tiempo. Esto, a su vez, me ayuda a identificar actividades inútiles y reducir el tiempo dedicado a ellas.

Realice una auditoría de siete días para saber exactamente en qué está gastando su tiempo. Utilice una

aplicación de teléfono inteligente o registre físicamente la cantidad de tiempo que se dedica a cada tarea.
Incluso si juega un juego durante unos minutos entre el trabajo, regístrelo. Ya discutimos los cuatro cuadrantes anteriormente (basados en urgente e importante). Coloque una marca en el cuadrante al que pertenece una tarea. Al final de la semana, sume todo y calcule en qué cuadrante ha pasado más tiempo. ¡Los resultados pueden ser aterradores! Usted sabe que es hora de ponerse las pilas si la suma de las tareas 'no urgente y no importante' es alta.

Hábito 19 - Sé madrugador

Hablé brevemente sobre esto en un capítulo anterior, pero créeme, si me preguntaras por mi consejo favorito de gestión del tiempo, sería empezar lo más temprano posible. Te dará una ventaja como ninguna otra cosa. Mark Twain dijo una vez famosamente: "Si tu tarea es comer una rana, es mejor hacerlo lo primero en la mañana. Y si tu tarea es comer dos ranas, es mejor comer la rana más grande primero." Esto resume todo sobre la gestión del tiempo en realidad.

Si te sientes abrumado/a por la perspectiva de tener que hacer mucho en un solo día, comienza temprano. Ten todo lo que necesitas para realizar la tarea listo el día anterior para que no pierdas tiempo tratando de entenderlo en el último minuto.

Por ejemplo, si estás preparando un informe importante basado en hechos y cifras que has recopilado a lo largo del tiempo, asegúrate de que todos los documentos estén ordenados en una sola carpeta para que la información sea más accesible para ti. Si ya tienes toda tu investigación lista, puedes empezar a preparar el informe inmediatamente al día siguiente en lugar de perder tiempo tratando de encontrar documentos de investigación dispersos por todas partes.

De la misma manera, si tienes una reunión importante programada para el día siguiente, ten listas tus prendas y accesorios la noche anterior. De esta manera, no perderás tiempo ni te estresarás (cuando ya estás estresado por la reunión) pensando en qué ponerte. Podrás dedicar ese tiempo y energía a concentrarte en lo que debes decir durante la reunión o en cómo representarte a ti mismo o a tu empresa de la mejor manera.

Si tienes más de una tarea que realizar durante el día y todas son importantes, elige la tarea más difícil primero. La idea es completar la tarea más desafiante o difícil antes del mediodía. Una vez que hayas completado una tarea aparentemente grande o desafiante, sentirás un fuerte sentido de logro. Esto te motivará a abordar las otras tareas con una mentalidad más positiva.

Cuando sabes que tienes muchas tareas que completar a lo largo del día o tienes un día largo por delante, evita quedarte despierto hasta tarde. Ve a la cama temprano, disfruta de un sueño ininterrumpido de 7-8 horas, y despiértate temprano para empezar a trabajar con una mente fresca. Ver Netflix hasta la medianoche y despertarse con ojos somnolientos no va a contribuir hacia tus metas. De hecho, solo traerá más ingresos a Netflix, pero tus metas personales o profesionales para el día pueden quedar sin cumplir o cumplirse de forma ineficaz.

Una de las cosas más ineficaces que puedes hacer es sumergirte en un día laboral sin tener ni idea de lo que necesitas hacer. Imagina pasar una hora tratando de pensar o planificar lo que se debe hacer durante el día, cuando podrías haber utilizado ese tiempo para comenzar las actividades del día y terminar temprano.

Ahora, terminarás tarde, lo que significa que no tendrás tiempo ni energía para planificar las tareas del próximo día. Estás involuntariamente atrapado en un círculo vicioso. Seguirás saltando de una tarea a otra y perdiendo tiempo valioso. Ser disciplinado significa planificar tu día con antelación para aumentar la productividad.

Tómese unos minutos para ordenar su escritorio de trabajo un día antes y haga una lista de las cosas que necesita abordar al día siguiente. Se le llama la técnica de descompresión. Se sentirá mucho más fresco y rejuvenecido cuando entre a un escritorio más limpio a la mañana siguiente. Llegue un poco temprano y comience a reunir su material de trabajo. Esto puede ser literalmente la parte del día que determine cuán productivo será a lo largo del día.

Hábito 20 - Sigue la regla del 80-20

Esta es otra maravillosa técnica de gestión del tiempo, productividad y autodisciplina conocida como el Principio de Pareto. La regla se basa en el hecho de que el 80 por ciento de nuestros resultados provienen del 20 por ciento de nuestro esfuerzo, y el resto del 20 por ciento de nuestros resultados se originan en el 80 por ciento de nuestros esfuerzos. Esta regla también es aplicable en ventas y negocios, donde el 80 por ciento de las ventas de un negocio provienen del 20 por ciento de sus clientes.

Identifica cuáles son esas tareas del 20 por ciento que están contribuyendo al 80 por ciento de tus resultados. Aumenta la escala de estas tareas. Por ejemplo, puedes notar que capacitar a tu personal y delegar tareas a ellos está ocupando el 20 por ciento de tu tiempo pero generando el 80 por ciento de los resultados. Puedes querer aumentar esto ya que obviamente te está ayudando a aprovechar tu tiempo. Del mismo modo, identifica el 80 por ciento de esas tareas ineficaces que solo están contribuyendo al 20 por ciento de los resultados y reduce su cantidad.

Hábito 21 – Reserve un tiempo específico para enviar y responder correos electrónicos

Una de las cosas que consume mucho tiempo es responder correos electrónicos a lo largo del día a menos que hayas contratado a alguien específicamente para responder correos electrónicos. También es una gran distracción tener correos electrónicos entrando constantemente a lo largo del día cuando estás tratando de concentrarte en completar una tarea importante en ese momento.

La mejor manera de abordar la amenaza del correo electrónico es reservar un tiempo separado para revisar y responder a los correos electrónicos en lugar de hacerlo durante todo el día, y en el proceso, interrumpir el flujo o impulso de tu tarea. Si algo necesita atención inmediata, es más probable que una persona te llame o te envíe un mensaje de texto. Es más difícil volver al ritmo de la tarea una vez que has sido interrumpido. A menos que estés esperando un correo electrónico realmente importante, apaga tu correo electrónico y reserva un tiempo al final del día para responder a todos los correos.

Hábito 22 - Eliminar la procrastinación

Piensa en una diana como las actividades del día entero. Si has dado en el centro de la diana, has dado en el blanco. Sin embargo, si merodeas alrededor del blanco, no estás dedicando tu tiempo a actividades constructivas y solo estás posponiendo tareas importantes. La procrastinación es el virus insidioso que envenena tu productividad y reduce tu apetito por cumplir con tareas que contribuyen positivamente a tus metas. El enemigo número uno de la productividad, la gestión del tiempo y la autodisciplina es la procrastinación.

Aquí tienes algunos consejos prácticos y altamente efectivos para vencer la procrastinación.

Evita soplar las tareas más allá de lo que son. A menudo exageramos erróneamente una tarea diciéndonos a nosotros mismos que toda nuestra carrera, vida o negocio depende de esta única cosa. Cuando crees que tu vida está en juego en esta tarea, estás poniendo un estrés excesivo en ti mismo. Esto te hace caer en una mentalidad de excusa donde buscas una razón para retrasar la acción. Te estás presionando y abrumando en la inacción.

Deja de decirte a ti mismo que solo porque no puedes hacer una tarea perfectamente, no deberías hacerla en absoluto o retrasarla hasta un momento en el que puedas hacerla perfectamente. Esto no es más que una excusa envuelta en el elegante papel de la perfección. La acción imperfecta a menudo es mejor que la inacción. Empezar es mejor que ser perfecto. Adquirirás la perfección en el camino una vez que empieces. No esperes no actuar y desarrollar la perfección automáticamente.

Cambia tu percepción sobre elegir hacer algo en lugar de tener que hacerlo. La procrastinación sucede cuando crees que tienes que hacer algo o estás obligado a hacerlo. Por el contrario, "elegir hacerlo" es algo que disfrutas haciendo. Por ejemplo, cuando tu cónyuge te reclama que arregles un problema de plomería, procrastinas porque crees que "tienes que" hacer algo porque tu cónyuge quiere que lo hagas.

Esto te lleva a estar cerrado a la idea de completar la tarea y eliges pasar tiempo viendo películas y jugando en lugar de arreglar el problema de fontanería. Sin embargo, cuando cambias la percepción y lo ves como algo que eliges para mantener tu casa en orden y a tu pareja feliz, es más probable que lo hagas. Un pequeño cambio en nuestra perspectiva puede eliminar la procrastinación. No "tienes que" arreglar el problema de fontanería, "eliges" arreglar el problema de fontanería.

Un consejo que me funciona de maravilla cuando se trata de vencer la procrastinación es dividir una tarea grande en partes más pequeñas. Cuando la tarea que quieres abordar es bastante grande, es más fácil sentirse intimidado por la idea de terminarla.

Un estudio realizado por científicos del comportamiento encontró que cuando los niños veían televisión y no entendían lo que estaban viendo, apartaban la vista del televisor. Del mismo modo, cuando no entendemos por dónde empezar y qué hacer, tendemos a buscar distracciones. En lugar de sentirnos abrumados y no saber por dónde empezar, divide la tarea en partes pequeñas y abórdalas una a una.

De manera similar, divida una tarea en plazos más cortos para no tener problemas para completarla un día antes de la fecha límite. Por ejemplo, si tiene que presentar un informe de 12 páginas en las próximas 3 semanas, no vaya con una fecha límite de 21 días. En su lugar, tenga una fecha límite de 7 días para cada 4 páginas. Termine 4 días a la semana y comience con las siguientes 4 durante la próxima semana. Divida un proyecto grande en subtareas y tenga una fecha límite clara para cada subtarea. Esto garantiza que trabaje en un proyecto de manera constante durante el período de 3 semanas en lugar de dejar las cosas hasta el final.

Dividir las tareas en plazos interrumpidos significa que no estás despierto durante 48 horas para completar el informe un par de días antes de la fecha de entrega. Te estás dando tiempo suficiente para escribir bien el informe y entregarlo a tiempo.

Haz una tarea interesante si simplemente la estás posponiendo porque es aburrida. No empezarás si encuentras algo poco inspirador y aburrido, lo que pospondrá la tarea hasta que sea demasiado tarde. Por ejemplo, si estás posponiendo una visita a la tienda de comestibles porque la ves como una tarea aburrida, busca maneras de que sea más desafiante. Hazlo un juego donde encuentres todos los artículos de tu lista en 30 minutos bajo un presupuesto preestablecido. Si logras comprar todo dentro del tiempo y presupuesto dado, has ganado.

Date un capricho con una taza de café en tu cafetería favorita o cómprate un helado. Otro consejo increíble que funciona de maravilla es la penalización. Al igual que te premias cada vez que logras completar una tarea a tiempo o resistes la tentación de caer en un mal hábito, te preparas para una penalización si no completas una tarea de acuerdo con los plazos preestablecidos.

Por ejemplo, digamos que decides escribir un capítulo de tu novela cada día. Cuando no logras escribir un capítulo, pones $15 en un fondo. Al final del mes, donas ese dinero a una fundación en la que no crees o no te agrada. ¿Qué tal esta como una penalización retorcida? Te odiarás por regalar dinero precioso a una fundación cuyas ideas no respaldas, lo cual te motivará a cumplir tu objetivo diario.

Aunque a primera vista, programar tiempo para jugar puede parecer contraproducente, es uno de los mejores trucos cuando se trata de vencer la procrastinación. Cuando te das suficiente tiempo para relajarte, jugar y participar en actividades de ocio, estás reduciendo el impulso de distraerte mientras completas una tarea importante.

Por ejemplo, si sabes que vas a salir a jugar al golf con tus amigos después de las 4 pm, es más probable que estés más entusiasmado por completar una tarea que si simplemente estás pasando un día lleno de tedio. Date algo que esperar para que estés lo suficientemente motivado para completar una tarea sin distracciones. Puede ser cualquier cosa, desde una película que planeas ver más tarde en la noche hasta una comida en tu restaurante favorito. La idea es hacer que la perspectiva de terminar tu trabajo sea interesante para que no lo demores.

Hábito 23 - Selecciona tu propia canción de procrastinación

Elige una canción de tu elección que te haga sentir energizado, inspirado y listo para salir y conquistar el mundo. Reproduce esa canción cada vez que tengas que lidiar con una tarea en la que has estado procrastinando. El cerebro tiene un disparador para crear nuevos hábitos. Cada vez que reproduces la canción y completas tus tareas, tu cerebro asocia la canción con "hacer". Es más probable que cumplas cuando te sientes maravilloso en tu cuerpo y mente.

Hábito 24 - Evita esperar hasta que estés de humor

Cuando se trata de hacer cosas, seguimos diciéndonos a nosotros mismos que no estamos de humor. Sucede incluso con los mejores de nosotros. Esperamos hasta sentir que estamos de "humor" para hacer algo. No tienes que estar de humor para tomar acción. Por ejemplo, si quieres ser un autor, debes fijar un tiempo y una meta para escribir cada día, independientemente de si estás de humor o no. Eliges un tiempo para sentarte y escribir un número designado de páginas cada día. ¡Así es como funciona cuando tienes que hacer cosas!

No puedes estar emocionado e inspirado todo el tiempo, incluso si estás en una profesión creativa. A veces, simplemente tienes que salir y hacer el trabajo, ya sea que tengas ganas o no. Debes tomar acciones consistentes en la dirección de tus metas, sin importar si sientes ganas de hacerlo o no.

Hábito 25 - Establecer recordatorios periódicos

Configure alarmas en tu teléfono u otros dispositivos o crea recordatorios visuales de las tareas que deben completarse. Establece un recordatorio para la fecha límite final. Sin embargo, también establece recordatorios para las sub-fechas límite para mantenerte en el camino durante todo el proceso.

Por ejemplo, digamos que tienes un proyecto que vence en las próximas 3 semanas. Puedes querer establecer recordatorios no solo al final de los 21 días, sino también en el día 7, 10, 15 y 17. Esto asegura que no te apresures como un pájaro sin cabeza en el último día de tu plazo para completar la tarea. Te recuerdan la tarea a lo largo de su curso, lo que es más probable que te mantenga en horario.

Hábito 26 - Siestas de poder

Las siestas cortas funcionan maravillosamente bien para mí. Cuando has estado trabajando durante mucho tiempo y tu cuerpo siente que está dejándose llevar, no luches ni te resistas. En su lugar, escúchalo y disfruta de una breve siesta revitalizante. Incluso una siesta de 7 a 15 minutos es suficiente para recargar tus sentidos y rejuvenecer tu espíritu. El cerebro obtiene el descanso que tanto necesita y estás listo para continuar con otra tarea.

No siempre es posible alejarse del trabajo o encontrar tiempo para hacer un ejercicio mental pequeño. En tal situación, lo mejor es tomar un descanso de agua en el baño o estirarse/meditar durante un par de minutos. ¡Todo lo que necesita tu cerebro son un par de minutos!

Capítulo Cinco: Dominando Hábitos Positivos

Los humanos son criaturas de hábito. Si te rindes cuando las cosas se ponen difíciles, será aún más fácil rendirse la próxima vez. Por otro lado, si te obligas a seguir adelante, la determinación comienza a crecer en ti. - Travis Bradberry

En el corazón de casi todas las personas exitosas se encuentra su capacidad de ser disciplinado, independientemente de si se trata de su vida personal o profesional. Todo comienza con una habilidad intrínseca para ejercer autocontrol y disciplina en todo lo que hacen. Desde sus pensamientos hasta emociones, acciones y hábitos, todo está impulsado por un fuerte sentido de disciplina.

Si quieres lograr grandes metas, la autodisciplina es realmente el ingrediente principal en la receta de tu éxito. Es fundamental en el proceso de alcanzar tu objetivo y llevar una vida más plena.

Aristóteles una vez dijo famosamente, "Los buenos hábitos formados en la juventud pueden marcar toda la diferencia." Formar estos hábitos no es posible si no tenemos la habilidad para disciplinar nuestros pensamientos y acciones. El 40 por ciento de nuestro comportamiento está impulsado por hábitos, lo cual significa que son fundamentales para lograr nuestros objetivos y llevar una vida más disciplinada. Cuando un comportamiento se repite constantemente, se convierte en un proceso subconsciente y permite que la mente se centre en otras tareas.

Aquí hay algunos de los hábitos más positivos que, si se practican de manera consistente, pueden transformar completamente tu vida.

Hábito 27 - Practica la gratitud

Mucho de nuestra vida se pasa deseando cosas, lo cual no es tan malo porque nos impulsa a alcanzar nuestro potencial. Sin embargo, practicar la gratitud nos hace contar nuestras bendiciones y nos ayuda a darnos cuenta de que somos afortunados de tener los regalos que disfrutamos, eliminando así lo negativo como la avaricia y los deseos excesivos. Desarrolla este simple hábito hoy y nota el cambio en tu vida en los próximos días.

La gratitud tiene muchos beneficios positivos. No solo mejora nuestra salud mental y emocional, sino que también cambia la perspectiva de un estado de "carencia de cosas" a un estado de "abundancia".

Piensa en vivir en un estado de carencia. ¿Cómo se siente cuando crees que te falta algo en lugar de creer que tienes algo en abundancia? Es prácticamente imposible concentrarse en ser disciplinado y lograr tus objetivos cuando operas desde un punto de vista de "falta". Estamos tan consumidos por lo que nos falta que vivimos eternamente en un estado de miedo e inseguridad. Nuestras energías mentales se centran en lo que nos falta en lugar de en lo que podemos tener, y en lo que podemos lograr.

Acostúmbrate a expresar gratitud por tus bendiciones hoy. Al final de cada día, haz una lista de diez cosas que sucedieron durante el día por las que estás agradecido o diez regalos con los que has sido bendecido y por los que estás verdaderamente agradecido. Piensa en un conjunto diferente de regalos cada día.

Te sorprenderás por la cantidad de bendiciones que tienes. Puede ser desde los ojos que te permiten ver el maravilloso mundo que te rodea hasta las piernas que te ayudan a correr el maratón, pasando por la educación que te ayuda a crear informes excelentes en el trabajo o el techo sobre tu cabeza. Expresa gratitud hacia las personas y las cosas que posees. Incluso si crees que no tienes nada por qué estar agradecido, piensa y busca con esfuerzo. Siempre encontrarás bendiciones por las que estar agradecido. Incluso el bolígrafo y papel que tienes en la mano mientras haces tu lista es una bendición.

El hábito de la gratitud te somete a un menor estrés, te ayuda a ser más positivo y transforma tus pensamientos. Te vuelves aún más motivado y enfocado en lograr tus metas cuando eres consciente de las bendiciones en tu vida.

Hábito 28 - Practicar el perdón

Imagina pasar una gran parte de tu día siendo consumido por sentimientos de enojo, odio, venganza, culpa y otras emociones negativas que te impiden concentrarte en actividades o tareas más productivas. El odio consume mucha más energía en comparación con el perdón y el amor. Cuando aprendemos a dejar ir las cosas, no le haces un favor a la otra persona.

De hecho, nos hacemos un gran favor desviando la energía llena de odio hacia actividades más productivas. No te enfoques demasiado en cómo alguien te perjudicó o actuó injustamente contigo. Más bien, concentra tus pensamientos y energías en lograr tus metas.

Si alguien te lastima, simplemente aprende a perdonar. No significa que hayas olvidado lo que te han hecho. Simplemente significa que has elegido liberar la energía negativa de tu cuerpo, mente y espíritu. Aunque el perdón no se relaciona inmediatamente con la autodisciplina a simple vista, profundiza y te sorprenderás al notar cuánto de tu tiempo, energía y pensamientos están consumidos por pensamientos vengativos.

Pon todo por escrito para hacer el proceso de perdón aún más efectivo. Piensa en todas las personas que te han hecho daño o no te han tratado bien. Escribe la razón por la cual has decidido perdonar en lugar de guardar rencor. Trata de ser más empático poniéndote en su lugar.

Intenta comprender por qué hicieron lo que hicieron. ¿Cómo actuarías en una situación similar? Uno de los mejores enfoques que siempre funciona para mí es tratar de encontrar algo de humor en la situación. Además, intenta aprender una lección importante y eventualmente deja ir.

Te sorprenderás por la cantidad de energía positiva que creas en tu vida cuando logras dejar atrás el odio, el dolor y la animosidad. El tiempo que pasabas preocupándote y estresándote por sucesos negativos en tu vida ahora se utilizará para acercarte más a tus metas o la vida de tus sueños. Deja de pensar en lo que no querías y en cambio concéntrate en la vida que quieres crear a futuro.

Hábito 29 - Comer saludable

Lo que no nos damos cuenta es que los seres humanos pasan una parte importante de su energía en procesar y digerir los alimentos que consumen. Cuando comemos alimentos que son altos en carbohidratos o grasas, el cuerpo gasta mucha energía en procesar y digerir alimentos que tienen poco valor para el cuerpo.

Por otro lado, las frutas y verduras crudas nos ofrecen un impulso de energía. Son más fáciles de digerir y no consumen mucha energía en el proceso de digestión. Esto nos deja con más energía, por eso nos sentimos más activos y concentrados. Es difícil tener autodisciplina cuando no tenemos la energía para enfocarnos en una tarea. Si te sientes demasiado somnoliento después de comer comidas pesadas, grasosas y con muchos carbohidratos, se vuelve desafiante concentrarse. Aleja esa sensación de lentitud incluyendo más alimentos crudos, frescos y no procesados en tu dieta.

Resiste la tentación de consumir alimentos ricos en almidón, artificialmente endulzados, procesados, enlatados y chatarra. En su lugar, opta por alimentos integrales que sean altos en nutrientes y que ofrezcan al cuerpo la energía adecuada para mantenerse enfocado y disciplinado. Intenta comer en porciones pequeñas y practica la moderación o equilibrio.

Creas o no, la comida que comemos impacta en la composición neurológica de nuestro cerebro. Tiene un impacto considerable en la conexión física y mental de nuestro cuerpo. Opta por cereales integrales, alimentos crudos, nueces enteras y alimentos orgánicos, y disminuye la cantidad de comida chatarra de tu dieta. La próxima vez que sientas la tentación de picar una bolsa de papas fritas, intenta reemplazarla por rodajas de verduras frescas sumergidas en hummus u otro aderezo delicioso recién hecho.

Hábito 30 - Desarrollar patrones de sueño saludables

El sueño es una parte fundamental de la disciplina personal. Está directamente relacionado con nuestra capacidad para enfocarnos y concentrarnos en las tareas que tenemos entre manos. Nota cómo cuando no duermes lo suficiente (no se trata de levantarse con el pie izquierdo), esto impacta negativamente en tu estado de ánimo, concentración, juicio, toma de decisiones, eficiencia, productividad y mucho más. Se vuelve aún más grave con investigaciones que sugieren que las personas privadas de sueño tienen un mayor riesgo de desarrollar enfermedades graves y un sistema inmunológico reducido.

Es importante dormir al menos 7-8 horas cada día. Evita ver televisión o pasar tiempo en dispositivos electrónicos un par de horas antes de ir a la cama para disfrutar de un sueño más relajado. Deja de consumir cafeína al menos 5-6 horas antes de acostarte para evitar interrumpir el flujo natural de tu ciclo de sueño. Si quieres dormir mejor, evita el consumo de alcohol, nicotina y comida chatarra.

Hábito 31 - Organizar tu espacio, pensamientos y vida

Organizar tu espacio, pensamientos y vida es fundamental para el proceso de desarrollar una mayor autodisciplina.

Comienza con tu espacio personal y de trabajo. En lugar de tener documentos esparcidos, utiliza archivos etiquetados para almacenarlos. De esta manera, cuando necesites una hoja de papel importante, no perderás tiempo buscándola por todas partes.

Mantén tu escritorio acogedor, positivo, organizado y limpio. Un espacio de trabajo limpio refleja una mente organizada y despejada que es capaz de generar ideas frescas.

Regala las cosas que no necesitas o aquellas que ya no sirven un propósito en tu vida para dar paso a cosas nuevas. Donalo a una ONG u organización para los menos afortunados. A menudo, las cosas viejas están asociadas a dolorosos recuerdos pasados (especialmente pertenencias que nos recuerdan relaciones anteriores) que nos impiden avanzar.

Estamos frenados por sentimientos de culpa, vergüenza y arrepentimiento, que nos impiden enfocarnos en lo nuevo.

Si todo tu espacio de oficina o tu oficina en casa está desordenado, intenta abordar un cajón a la vez porque organizar todo de una vez puede ser abrumador. Tómate un pequeño espacio a la vez durante los próximos siete días. Incluso cuando se trata de despejar u organizar tu hogar, toma una habitación o una sección de una habitación a la vez en lugar de intentar ser superhumano organizando toda la casa en un día. Si has organizado o limpiado tu hogar durante días, no será posible ponerlo en orden nuevamente de repente, limpio y funcionando en unas pocas horas a menos que tengas ayuda.

Asegúrate de que cuando cojas o uses algo, lo devuelvas a su lugar original por mucho que te tiente dejarlo por ahí. De esta forma sabrás dónde buscarlo cuando lo necesites y ahorrarás tiempo precioso.

Invariablemente desarrollarás tu músculo de auto-disciplina cuando tus pensamientos, el espacio que te rodea y tu vida estén más organizados.

Hábito 32 - Escribir un diario

Llevar un diario o escribir tus metas (usando un diario para el auto-mejoramiento) es una de las mejores maneras de adquirir una mayor autodisciplina. Escribir tus metas no solo te hace comprometerte físicamente con esas metas, sino que también dirige tu mente subconsciente para lograr esas metas, desarrollar nuevos hábitos o llevar una vida más disciplinada.

Llevar un diario tiene múltiples beneficios, incluyendo aumentar la creatividad, impulsar la autodisciplina y mejorar tu salud en general.

Cuando escribes tus metas, les das forma o las haces cobrar vida. Le das a las metas mentales una especie de forma tangible, lo que te hace aún más responsable de cumplirlas. Mantén tus metas SMART. Deben ser específicas, medibles, alcanzables, realistas y con límite de tiempo. Esto facilitará el seguimiento del progreso de tus metas.

Nuestra mente subconsciente es una herramienta muy potente. Cuando escribes sobre algo que deseas lograr, la mente subconsciente no puede diferenciar entre el presente y el futuro o el hecho de que tienes o quieres algo. Cree que ya lo tienes, y posteriormente dirige tus acciones conforme a ese objetivo.

Por ejemplo, si deseas más dinero y prosperidad en tu vida y sigues escribiendo en tu diario tu objetivo, la mente subconsciente cree que es tuyo y inevitablemente alinea tus acciones para atraer aún más dinero y prosperidad.

El subconsciente no es capaz de diferenciar entre lo real y lo imaginado. Para él, todo es real. Por lo tanto, la mente subconsciente dirige tus acciones en línea con el objetivo, creyéndolo real. Así, canaliza tus acciones en dirección a obtener aún mayores recompensas financieras y prosperidad en general.

Aquí tienes algunos consejos para hacer que el proceso de llevar un diario sea aún más efectivo.

Comienza por donde te encuentres actualmente en tu vida. ¿Dónde estás en este momento en tu vida? Describe tu situación general en el trabajo, la vida y las relaciones. ¿Realmente estás donde te imaginaste cuando eras niño o adolescente?

Luego, pasa a los objetivos que deseas lograr. ¿Dónde te gustaría verte al final del año o en los próximos cinco años? ¿Cuáles son los objetivos que deseas lograr al final de la semana, mes y año?

Escribe en un flujo de conciencia sin editar tu escritura. Reserva la gramática, la ortografía, la estructura de las oraciones y las habilidades de lenguaje impecables para tu informe de trabajo. Los sentimientos, emociones y pensamientos no deben ser editados. Escribe sin censurar tus pensamientos. Silencia al editor interno porque estás escribiendo solo para ti mismo.

Comienza un diálogo con tu yo interno escribiendo con la mano no dominante. ¿Cuáles son los desafíos que experimentas?

Luego, comienza a incluir una lista de gratitud al final de cada día. Haz una lista de cosas por las que estás agradecido/a diariamente. Sigue actualizando la lista cada día encontrando nuevas cosas por las que estar agradecido/a. Gradualmente notarás que las cosas por las que estás agradecido/a aumentarán. Cuanto más agradecido/a seas, tendrá más motivos para estar agradecido/a en el futuro.

Tu diario es un relato personal que te representa completamente. Incluye todo, desde tiras cómicas, calcomanías, citas motivacionales, fotografías personales, cuentos cortos, imágenes de internet, y cualquier cosa que te conecte con tus metas o la vida de tus sueños.

Mantén un registro de todos tus éxitos y logros. Puede ser algo tan simple como que alguien te elogie por tu escritura. Sigue anotando los elogios, recompensas y logros que obtengas durante la semana, por pequeños que te parezcan. A medida que te vuelvas más consciente y cultives la lista, notarás cómo poco a poco se convierte en un éxito mayor.

Estás condicionando tu mente para actuar en consonancia con tus metas de una manera más consciente y deliberada.

Me gusta escribir sobre cosas que me preocupan o me molestan en un estilo más objetivo, en tercera persona. Esto te permitirá distanciarte del evento o situación y verlo con una perspectiva más fresca. A veces, estamos tan involucrados en circunstancias que nos afectan que no podemos verlo con una perspectiva diferente. La autodisciplina también se trata de conectarte con tu yo superior para cumplir tus metas.

Deja de utilizar la tecnología (aplicaciones de diario) y opta por escribir a mano en tu diario en su lugar. El proceso físico de escribir tiene un impacto poderoso en tu mente y la condiciona para cumplir tus metas.

Puedes tener diferentes diarios con un tema diferente en cada uno. Conozco a muchas personas que mantienen diferentes diarios, como un diario de pensamientos, un diario de sueños, un diario de metas y un diario de gratitud. Dale a cada diario un propósito claro y convincente.

Si realmente admiras a una persona/celebridad, escribe una conversación imaginaria con ellos. Diles lo que admiras de ellos y por qué su historia de vida te inspira. ¿Cómo planeas modelar tu vida basándote en la suya? ¿Qué aspectos de su vida te gustaría incorporar en la tuya propia? Puede ser cualquier persona, desde tu estrella de rock favorita hasta alguien fallecido que hubieras deseado que estuviera presente.

Uno de los mejores trucos de autodisciplina es hacer un seguimiento de tu progreso mientras te acercas a cumplir tu objetivo o dejar un mal hábito o desarrollar un hábito positivo. Sigue registrando tu progreso a medida que completas tareas importantes, dejas hábitos negativos o dominas nuevas habilidades. ¿Qué tal tener una barra de estado diaria, semanal y mensual? ¿O el porcentaje de cuánto has avanzado con tu objetivo?

También está bien ser aleatorio con tu diario y no seguir un solo tema si eso te hace sentir más cómodo. Si amas el arte o sientes conexión con los artefactos, incluye imágenes de artefactos para potenciar la creatividad. Los diarios son excelentes canales de creatividad para esbozar y pintar lo que quieres expresar a través de visuales. No hay regla que diga que escribir es la única forma de llevar un diario. Deja que la imaginación vuele y pinta lo que quieres expresar a través de tus dibujos y bocetos.

Intenta escribir tu diario a la misma hora cada día para que se convierta en una parte integral de tu rutina.

Capítulo Seis: Construye tu Red y Relaciones

"Si estás con cinco personas exitosas, entonces eres la sexta persona exitosa. Lo contrario también es cierto, ¿con quién estás pasando tiempo?" - Michael E. Gerber

No vives en una jungla o madriguera de conejo. Sin embargo, por más talentoso, trabajador, disciplinado y perseverante que creas ser, necesitas de otras personas para tener éxito. Recuerda, construir riqueza a largo plazo y sostenible no se trata de correr un maratón, sino de participar en una carrera de relevos donde aprovecharás el tiempo, habilidades y esfuerzos de otras personas. Para tener éxito, necesitas sólidas habilidades de networking para construir contactos, una excelente relación con las personas con las que haces negocios o trabajas, y personas de las que puedas aprender. Según estudios, nos parecemos a las cinco personas con las que pasamos más tiempo. Si pasas la mayor parte del tiempo con personas exitosas, observando y admirando sus estrategias de éxito, tus chances de éxito se multiplican. Construir relaciones sólidas y tener acceso a excelentes mentores es la clave del éxito, que desafortunadamente es pasada por alto por muchas personas.

Aquí tienes algunos consejos para hacer networking y construir relaciones para el éxito.

Hábito 33 - Utiliza el poder de las redes sociales

No hay mejor manera de establecer contactos con personas para el trabajo que rozar hombros con ellos virtualmente en LinkedIn y en otras plataformas. Hay abundancia de grupos especializados en LinkedIn y Facebook donde puedes contactar con personas afines para oportunidades, asociaciones o simplemente consejos. Aprovecha el poder de las redes virtuales para hacer crecer tu negocio/trabajo y riqueza. Hay poco estrés asociado a estas reuniones en comparación con las reuniones cara a cara. Además, estos profesionales afines en Google Plus, LinkedIn y Twitter pueden abrirte varias puertas de oportunidades que de otra manera no hubieras pensado posible. Comenta en sus publicaciones, genera discusiones inteligentes en grupos, deja un comentario valioso e informativo en una publicación de un blog que te haya gustado, y empieza una conversación en cualquier oportunidad que se presente. De esta manera, no solo conocerás a nuevas personas, sino que tendrás mucho de qué hablar con ellos cuando los conozcas en persona.

Hábito 34 - Pide referencias a personas existentes

Otra excelente forma de conocer gente es a través de personas que ya conoces. De esta manera, estás constantemente ampliando tu lista de contactos. Si estás buscando conocer a algunas personas importantes, quédate cerca de quienes las conocen por un tiempo antes de pedir sus datos de contacto o solicitar una cita. Puedes pedir educadamente una presentación con las personas con las que quieres establecer redes. Únete a la conversación y podrías recibir una cálida bienvenida. También hay una herramienta de presentación en LinkedIn donde puedes ser presentado a nuevos conocidos a través de contactos existentes.

Si ves un círculo de personas en un evento de networking y resulta que conoces a algunos de ellos, acércate y preséntate. Intercambia tarjetas de negocios y consigue tantos números como puedas para mantenerte en contacto. No pidas negocios o trabajo directamente al principio. Si estás buscando asociaciones a largo plazo con personas y enfocado en aprovechar estos contactos para el éxito y la riqueza en el futuro, no pidas favores inmediatos. Digamos que estás buscando trabajo. Evita pedirle a la gente directamente un trabajo. En cambio, busca su consejo pidiéndoles consejos que te ayudarán en tu búsqueda de empleo. Esto te hará parecer más profesional y creíble.

Tu objetivo principal debería ser construir una gran relación y conexión con las personas, los favores pueden venir después. De esta manera, cuando surja una oportunidad, estarás en la mente de ellos. Abre cuantas puertas de oportunidad puedas diversificando tu lista de contactos sociales. Nunca sabes quién será esa persona que pueda cambiar tu suerte. Uno de mis consejos favoritos en los primeros años, cuando se trataba de aprovechar al máximo mis posibilidades de conseguir un trabajo, era pedir a las personas que revisaran mi currículum. Nunca pedía directamente un trabajo.

Sin embargo, revisar mi currículum fue una buena manera de que la gente conociera mi experiencia, habilidades, trabajos anteriores valiosos y más. De esta manera, la mayoría de las veces, me proporcionarían algunas oportunidades que coincidieran con mi experiencia o tendrían en cuenta cuando surgieran oportunidades similares. Es un truco ingenioso. La gente se siente bien cuando le pides que revisen tu currículum, y también terminas abriendo camino en su círculo.

Pide sugerencias sobre cómo hacer crecer tu red de contactos. Cada persona nueva que conozcas conocerá aproximadamente a 200 personas. Estás accediendo a una fuente valiosa de contactos. Si obtienes acceso a contactos al seguir sugerencias de contactos existentes, rápidamente expandirás tu red de contactos. Pide organizaciones profesionales, clubes y sugerencias o nombres de personas que crean que pueden ser buenas para asociarse contigo. La mayoría de las personas son abiertas y serviciales cuando se trata de sugerir personas de su lista de contactos, y estarán aún más felices de hacerlo si les puedes dar también algunos contactos de tu lista. Es un mundo de "tú me ayudas, yo te ayudo".

Hábito 35 - Encontrar o crear razones para hacer un seguimiento

Crea razones para mantener una relación con las personas de forma continua una vez que te han presentado. Digamos que conociste a alguien en un evento de networking y discutieron un tema en particular. Envíales por correo electrónico un blog o artículo que hayas disfrutado leyendo sobre ese tema y haz referencia a la conversación.

Envíales alguna información valiosa que les pueda beneficiar o una nota de agradecimiento si te ayudaron con algo. Enviar saludos y buenos deseos en festividades también es una buena manera de mantener la relación. Si no te mantienes conectado con las personas, te olvidarán después de un tiempo. Encuentra dos o tres oportunidades al año para volver a conectar con ellos en persona. No solo quieres seguir conociendo personas nuevas sin mantenerte en contacto con ellos.

Hábito 36 - Participar en tantos eventos de networking como sea posible

Participa en estos almuerzos, reuniones de networking, conferencias y eventos. Ten tus tarjetas de presentación listas. Preséntate a las personas diciéndoles a qué te dedicas. Puede que no tengan algo para ti de inmediato. Sin embargo, si causas una impresión positiva, lo más probable es que seas el primer nombre que les venga a la mente cuando haya algo para ti. Un consejo profesional para mantenerte visible dentro de tu organización es asumir responsabilidades adicionales como voluntario dentro de la empresa. Esta es una excelente manera de devolver a la empresa y mantenerte visible. También mostrará a las personas que vas más allá de tu deber, lo que significa que eres más probable que te elijan sobre otros cuando surja una oportunidad adecuada.

Hábito 37 - Mantente con personas positivas y exitosas

Si quieres ser rico y exitoso, haz un esfuerzo consciente para relacionarte con personas exitosas. Sus consejos, sugerencias, hábitos, estilo de vida, mentalidad, creencias y ética de trabajo impactarán inevitablemente en tu propia mentalidad y pensamientos. Desarrollarás una mentalidad de creación de riqueza e ingresos, y comenzarás a adoptar hábitos que dirigirán tus esfuerzos hacia el éxito.

Su aura positiva y frecuencia de pensamiento te afectarán a un nivel más profundo, subconsciente. Comenzarás a comportarte y pensar como una persona rica y exitosa. Encuentra mentores que te guiarán en la dirección correcta.

Una de las mejores formas de hacer que alguien sea tu mentor es decirles cuánto admiras su trabajo y pedirles sugerencias.

Capítulo Siete: ¿Obstáculos o Oportunidades?

Cuando se trata de limitar o aumentar tus posibilidades de éxito, el factor más importante es tu percepción. Al alterar tu percepción, puedes programar tu mente para lograr un mayor éxito. La buena noticia es que no es difícil crear una mentalidad innovadora que perciba los contratiempos como oportunidades y aprendizaje, no como obstáculos. Puedes trabajar fácilmente a través de barreras que te limitan y desarrollar estrategias para contrarrestar estos llamados obstáculos que se interponen en el camino hacia tu éxito y abundancia.

Hay una historia budista sobre un rey cuyo reino estaba lleno de ciudadanos auto-titulados. No contento con esto, decidió darles una lección que no olvidarían. Tenía un plan simple e ingenioso. Colocó una roca masiva justo en el centro de la calle principal, bloqueando la entrada de la gente. El rey decidió esconderse en los arbustos cercanos y observar las reacciones de sus ciudadanos.

Se preguntaba cómo reaccionarían. ¿Se juntarían y lo descartarían? ¿Se sentirían desilusionados y regresarían? El rey observaba con decepción cómo un súbdito tras otro se daba por vencido y regresaba, en lugar de intentar quitar la roca de su camino. En el mejor de los casos, algunos intentaban levantarla sin mucho entusiasmo pero rápidamente se rendían. Muchas personas insultaban abiertamente al rey o se quejaban de la molestia sin pensar en formas de superarla.

Después de unos días, un campesino tropezó con la roca. En lugar de retroceder como los otros, intentó empujar la roca fuera de su camino varias veces. De repente, una idea le golpeó. Fue a los bosques adyacentes en busca de una rama grande que usó como palanca y desalojó la enorme roca de la calle. Tan pronto como la roca masiva se movió, debajo de ella había una bolsa de monedas de oro y una nota escrita a mano del rey que decía: "El obstáculo en el camino se convierte en el camino. Nunca olvides, dentro de cada obstáculo hay una oportunidad para mejorar nuestra condición".

¿Estás utilizando los obstáculos en tu camino a tu favor? ¿Estás aprovechando el poder de los desafíos en tu vida para convertirlos en oportunidades? Como discutimos anteriormente, los obstáculos son oportunidades disfrazadas. ¿Tienes la visión para convertir desilusiones en tu vida en riqueza y éxito? Aquí hay algunas estrategias para cambiar tu percepción hacia los desafíos y utilizarla para construir mayor riqueza y éxito.

Hábito 38 - Modifica tu perspectiva

Recuerda, no siempre puedes elegir tus circunstancias y

las cosas que te suceden en la vida. Sin embargo, puedes elegir tu reacción ante ello. No siempre puedes determinar el rumbo que pueda tomar tu vida, pero puedes elegir tu percepción y respuesta ante ello. Los ganadores ven oportunidades, los perdedores ven excusas. Controla cómo percibes y abordas un obstáculo. Esto se puede lograr controlando tu pensamiento catastrófico o emociones irracionales. No pienses en términos extremos. Un fracaso o despido no significa la perdición de tu carrera. Un mal trato comercial no significa que sea hora de cerrar la tienda. Evita exagerar las cosas y míralas de manera más equilibrada. Mira las cosas tal como son y no como crees que son. Estás reorientando tu mente o editando selectivamente tus pensamientos para desarrollar una mentalidad de victoria incluso en medio de lo que se llama fracaso. La perspectiva correcta puede llevar a acciones positivas.

Hábito 39 - Darle la vuelta al monstruo

Hay un montón de aspectos positivos en todo si solo tenemos la visión para buscarlos. Las cosas que creemos ser negativas pueden contener muchos aspectos positivos. Un fallo técnico que crees que ha destruido todo tu trabajo es una oportunidad para que trabajes en ello otra vez y lo hagas aún mejor que el anterior porque ahora estás más preparado y sabio. Recuerda, ¿el amigo que perdió su trabajo y luego creó su propio negocio rentable? ¿Y si no hubiera sido despedido por su organización? Todavía sería un portador de cubos, trabajando sin descanso para lograr las ganancias de otra persona en lugar de construir riqueza para sí mismo.

Tener un jefe que es negativo y desalentador es una maravillosa oportunidad para aprender lo que no debes ser como jefe o mejorar tu currículum para un trabajo mejor en otra organización. Créeme, cada situación tendrá algo de bueno en ella. Solo tienes que ser lo suficientemente perceptivo para detectarlo.

Hábito 40 - Mantén la visión general en mente

A veces, cuando te quedas atrapado en medio de una situación aparentemente imposible, lo mejor que puedes hacer es - ¡pensar! Creas muchas oportunidades y caminos al pensar de manera racional y objetiva. Genera movimiento al pensar en cosas como ¿cómo puedo resolver este problema o desafío? Si no puedo resolverlo, ¿cómo puedo mejorarlo para mí y para otras personas? Te sorprenderás de cómo unas pocas preguntas simples y positivas pueden cambiar la forma en que abordas el problema en cuestión. Piensa en otras personas, especialmente en tus seres queridos.

Esto te da la fuerza para superar desafíos. La próxima vez que te sientas abrumado por un desafío, no te sientes ahí y maldigas tu destino. Si no lo intentas, no llegarás lejos de donde estás actualmente y nunca crecerás. Todas las personas que admiras han enfrentado y superado obstáculos en algún momento u otro, lo cual es responsable de su gloria actual. En lugar de sufrir sus circunstancias menos deseables, aprovecharon al máximo los desafíos que se les presentaron. Si tu objetivo principal es jubilarte a los 40 años o lograr la libertad financiera para tu familia u otra razón convincente, seguirás adelante a pesar de los obstáculos.

Hábito 41 – Deja ir los desafíos que están fuera de tu control.

Por mucho que te gustaría controlar todo en tu vida, algunos desafíos van a estar más allá de tu control. Piensa en la devaluación de tu hogar debido a una calamidad natural en la región o en perder tu trabajo debido a una fusión o recesión global. Estas son circunstancias en las que tienes poco control. En lugar de eso, concéntrate en los desafíos que puedes controlar.

Por ejemplo, no saber una habilidad en particular que puede ayudarte a ganar más dinero o hacer crecer tu negocio es un desafío que puedes superar fácilmente dominándola. Si todavía no te has graduado, lo cual supone un desafío en tus futuras perspectivas laborales o para ganar más dinero, ve y obtén ese título. Aleja el enfoque de los desafíos que no se pueden controlar y en cambio presta atención a aquellos que pueden superarse.

Hábito 42 - Crece más allá del desafío

Mientras que la mentalidad pobre ve su problema y a menudo lo atribuye a la mala suerte o circunstancias, la mentalidad rica se rascará la cabeza con fuerza hasta que descubran una solución. Rara vez se rinden. En cambio, cambiarán el curso de su acción o intentarán una forma diferente de hacerlo.

Los ricos, a diferencia del ciudadano promedio, no tienen una mentalidad de "o esto o aquello". Puedo comprar esto o aquello. En cambio, encontrarán una manera de comprar ambos retrasando la gratificación. No buscarán placer inmediato, sino que trabajarán para obtener todo lo que desean. Digamos que una persona con mentalidad rica tiene $10.

Ahora quieren tanto helado como dulces por $10. En lugar de pensar que pueden tener dulces o helado, evitarán comprar ambos. Seguirán adelante y comprarán cuatro docenas de botellas de agua embotellada y las venderán a viajeros sedientos por 50 centavos cada una para obtener unos frescos $24. Ahora pueden comprar dulces, helado y tener unos dólares de sobra. Los ricos tienen una mentalidad de "ambos" no de "o uno u otro".

Capítulo Ocho: Ejercicio Diario y Salud

Somos lo que comemos no es una declaración descabellada sino la verdad. Nos convertimos en lo que comemos. Si estás comiendo comidas poco saludables, tu cuerpo y mente se vuelven letárgicos, lo cual no te coloca en el estado correcto de productividad. Necesitas energía para trabajar largas horas, la cual a su vez se obtiene a través de una dieta balanceada, nutritiva y controlada. Combina esto con ejercicio y un régimen regular de actividad física y tendrás la receta perfecta para una buena salud.

Aquí hay algunos consejos seleccionados para comer de manera saludable y hacer ejercicio.

Hábito 43 - Desayunar una hora antes de hacer ejercicio.

Si haces ejercicio o practicas cualquier forma de actividad física, desayuna al menos una hora antes del entrenamiento. Estar lo suficientemente energizado para el entrenamiento. Según la investigación, consumir carbohidratos antes de hacer ejercicio puede mejorar tu rendimiento y permitirte mantener el entrenamiento por más tiempo o aumentar su intensidad. No comer puede hacer que te sientas bajo en energía o lento. Toma un desayuno ligero si estás haciendo ejercicio después del desayuno o toma una bebida deportiva que te brinde energía. Obtén carbohidratos para tener una energía óptima.

Hábito 44 - Tamaño de tus comidas

Come alrededor de tres a cuatro comidas grandes si estás haciendo ejercicio. También come comidas más pequeñas y saludables o bocadillos entre ellas. Incluye nueces enteras, frutas y verduras crudas, y salsas caseras como el hummus. Evita picar alimentos chatarra, grasos, artificialmente saborizados y endulzados con frecuencia. También se debe evitar los alimentos enlatados y cargados de conservantes. No añaden ningún valor nutricional a tu cuerpo y terminan haciéndote sentir letárgico.

Hábito 45 - Comer bocadillos saludables

Los tentempiés evitan los ataques de hambre entre comidas. Sin embargo, evita picar cosas poco saludables que te hagan sentir somnoliento, con poca energía, irritable y con poca productividad. Aquí tienes algunas opciones de tentempiés saludables - barras energéticas, frutas frescas, yogur, batidos de frutas frescas, barras de granola, palitos de verduras crudas y otros alimentos similares para picar.

Hábito 46 - Crear un plan de comidas

Un plan de comidas es maravilloso cuando se trata de

hacer cambios en tu estilo de alimentación, y comer de manera más disciplinada, con comidas llenas de nutrición. Trátalo como un plano de tus elecciones de comida. Incluye opciones sobre lo que planeas comer para el desayuno, el almuerzo y la cena cada día de la semana, junto con una estimación aproximada de la nutrición que estarás consumiendo con cada comida. Tener algunas comidas mencionadas detalladamente puede ayudarte a comprobar si estás tomando decisiones inteligentes sobre la comida. Puede darte cuenta de que tu consumo de verduras es bajo o de que tu cena no es muy equilibrada. Deja que tu plan de comidas te guíe hacia decisiones inteligentes sobre la alimentación. También puede ayudarte a hacer tu lista de compras, lo que te llevará a comprar de manera inteligente y a determinar si estás cumpliendo tus metas dietéticas.

Hábito 47 - Consumir proteínas magras

Las proteínas magras son un componente importante cuando se trata de proporcionar a tu cuerpo los componentes dietéticos esenciales. Para cumplir con los requisitos nutricionales diarios, incluye una porción de 3-4 oz de proteína en cada comida. Las proteínas magras son buenas porque son bajas en grasa y calorías. Elige alimentos como huevos, tofu, aves de corral, mariscos, legumbres y carnes magras. Limita las proteínas grasas como tocino, salchichas y carne procesada.

Hábito 48 - Mantente en alimentos a base de granos

Incluya alimentos a base de granos como pan y pasta de trigo integral, arroz integral y otros alimentos 100% de grano entero en su dieta. Los granos enteros son deliciosos y hacen elecciones alimenticias saludables. Requieren un procesamiento mínimo y contienen lo bueno de cada porción de grano.

Los granos enteros son ricos en fibra, proteínas y tienen muchos nutrientes beneficiosos. Cambia a quinoa, avena, cebada, pan integral y mijo en lugar de pan blanco y pasta.

Hábito 49 - Tomar más vitaminas y minerales

Los americanos no obtienen la ingesta requerida de minerales y vitaminas según diversas investigaciones nutricionales. Se basa más en alimentos procesados, carbohidratos, azúcar refinada y otros alimentos poco saludables. Encuentre suplementos de vitaminas y minerales que se puedan consumir diariamente para compensar cualquier deficiencia. La consecuencia de ignorar las necesidades de su cuerpo puede no ser inmediata, sin embargo, a lo largo de un período de tiempo más largo, puede ser considerablemente perjudicial. Esto nos afecta a lo largo de un período de tiempo donde se refiere a la claridad física, mental, emocional y espiritual.

Hábito 50 - Beba suficientes líquidos

Consuma suficiente agua durante el día para mantener su cuerpo hidratado. La mayoría de los profesionales de la salud recomiendan beber un mínimo de ocho vasos de agua de 8 onzas cada día. Evite las bebidas con cafeína y artificialmente endulzadas. Opte por bebidas claras, naturales y sin azúcar. Además, limite el consumo de alcohol.

Hábito 51 - Salir al aire libre

Pocas cosas pueden ser beneficiosas para tu cuerpo, mente y alma como salir al aire libre como parte de tu régimen de ejercicio físico. Haz cualquier cosa, desde caminar hasta correr, andar en bicicleta. Nadar, jugar tenis y saltar en tu jardín son todas maravillosas opciones. Aprovecha un poco de sol temprano en el día si puedes. ¡Sal al bosque y experimenta la naturaleza! Te sorprenderá lo revitalizado y rejuvenecido que te sentirás al final.

Hábito 52 – Incluye entrenamientos más agradables y variados en tu horario.

¿Quién dice que los entrenamientos tienen que ser aburridos y monótonos? Puedes divertirte mucho bailando, haciendo aeróbicos, Zumba, kickboxing y simplemente saltando. Hay varias formas de ser más activo y añadir actividad física estimulante a tu rutina. Cuanto más te diviertas haciendo estos ejercicios, menores serán tus posibilidades de rendirte a largo plazo. Incluye una combinación de cardio y fuerza para disfrutar de un régimen de fitness más completo.

Hábito 53 - Consigue un compañero de gimnasio para responsabilidad.

Inscríbete en el gimnasio local con un compañero/a de gimnasio que pueda mantenerte responsable de tus entrenamientos. También puedes unirte a clases en grupo o a una clase de yoga. Mantenerse en forma no siempre requiere que salgas de casa. Si llevas una vida ocupada, simplemente encuentra videos de ejercicios o yoga en línea o compra DVDs. Programa estas actividades en tu horario semanal.

Hábito 54 - Aumenta tus actividades básicas

Aunque estos no se incluyan en tu rutina diaria de ejercicio, adopta el hábito consciente de aumentar tus actividades físicas diarias. Experimentarás muchos beneficios para la salud al hacer pequeños cambios en tus actividades básicas. Realiza modificaciones lentas pero graduales en tu estilo de vida que te puedan ayudar a largo plazo. Camina a la tienda en lugar de manejar. Sube las escaleras en lugar del elevador. Rastrilla las hojas en tu jardín. Estas actividades pueden sumar rápidamente el equivalente a más de 2 horas de ejercicio cardiovascular a la semana.

Hábito 55 - Comienza un blog o diario de responsabilidad

Tu compromiso y responsabilidad con una resolución aumentan cuando la haces pública. Obviamente, nadie quiere ser visto como una persona que no cumple su palabra. Empieza a poner las cosas por escrito (o en un blog si prefieres) para seguir tu progreso en tu condición física. Al final de cada día, menciona tu dieta, actividades físicas y régimen de ejercicio.

Escriba acerca de los viejos hábitos que desea desechar y cómo los está reemplazando con hábitos más nuevos y positivos para presenciar una transformación completa. Mencione cómo el nuevo plan y los alimentos están impactando su cuerpo, mente y espíritu de manera positiva. Si hay desafíos en el camino, menciónelos y también las medidas que tomó para superarlos. Siga el progreso que haga en la dirección de sus metas.

Hábito 56 - Realizar chequeos de salud regulares

Aparte de comer de forma saludable y llevar una vida físicamente activa, es importante someterse a chequeos físicos regulares. Puede ayudar a apoyar tus metas de salud y estado físico, al mismo tiempo que también puede identificar cualquier disfunción. Consulta a un dietista, médico o nutricionista profesional antes de probar cualquier plan de dieta nuevo. También puedes contratar los servicios de un entrenador personal para guiarte hacia tus metas de salud y estado físico.

Capítulo Nueve: ¿Por qué reinventar la rueda?

La mayoría de las cosas en la vida no necesitan ser reinventadas. Probablemente necesitas mejorar una idea, concepto o pensamiento existente. Tal vez encontrar una manera de hacer las cosas de manera diferente para lograr una mayor eficiencia o resultados. Sin embargo, no es necesario reinventar la rueda todo el tiempo.

Piénsalo, tu tiempo en la tierra es limitado, y solo tienes tantos años para ser productivo y construir riqueza. ¿Por qué harías algo desde cero que consume todo tu tiempo cuando simplemente puedes copiar pegar un sistema que ya está funcionando bien para otros? La manera más inteligente de progresar en el mundo de hoy es seguir algo que ya ha demostrado ser exitoso o emular un modelo comprobado.

Hábito 57 - Comienza donde tus ídolos comenzaron, no donde están actualmente

El éxito radica en los detalles. Duplicar exitosamente un sistema también es un arte. Por ejemplo, no puedes modelar tu negocio en alguien que está 2000 pasos por delante de ti. Si estás construyendo una red social para viajeros, no puedes imitar lo que está haciendo Facebook ahora. Tendrás que retroceder a lo que hizo Zuckerberg cuando lanzó Facebook. El enfoque correcto sería identificar todos los puntos clave que implementó para ayudar a Facebook a obtener la tracción inicial correcta. Por ejemplo, enfocarse intensamente en los estudiantes de Harvard, inducir la sensación de formar parte de una comunidad exclusiva y desarrollar una plataforma para personas con intereses similares.

En resumen, toma el principio fundamental de un plan y aplícalo a tu idea. En el ejemplo anterior, utilizamos los principios fundamentales de Facebook para construir una red social exclusiva para viajeros. ¿Entiendes la idea, verdad? Debes elegir con criterio lo que hicieron en la misma etapa o nivel en el que te encuentras actualmente.

Digamos que eres una start-up de entrega de alimentos que tiene cuatro empleados. Ahora, no te modelas en torno a lo que está haciendo actualmente un gigante de entrega de alimentos con más de 2000 empleados. Te emulas lo que hicieron cuando empezaron con cuatro empleados. ¿Cómo puedes modelar los métodos actuales de un multimillonario con $200 en tu bolsillo? Tienes que adoptar los métodos que él/ella adoptó para convertirse en multimillonario cuando tenía $200.

Hábito 58 - Mantente al día con las tendencias que cambian dinámicamente

Los principios de la tecnología, hacer negocios y comprar pueden no ser los mismos hoy en día que hace algunas décadas o años. Hay que tener en cuenta el tiempo, las tendencias cambiantes y un cambio en la forma en que se hacen los negocios también. Por ejemplo, hace algunos años, los minoristas de comercio electrónico dependían únicamente de las computadoras para generar ventas. Hoy en día, si ignoras a los usuarios de teléfonos inteligentes y tabletas, dejarás mucho dinero sobre la mesa para tus competidores.

Si quieres emular un negocio, fíjate en los principios en los que se basa en lugar de exactamente en cómo lograron algo. Las cosas cambian dinámicamente en la era actual. Para mantenerte al día con el mundo empresarial de ritmo rápido y lleno de acción, busca los principios más amplios que la técnica exacta. Sin embargo, si puedes encontrar éxito utilizando la técnica exacta, ¿qué te impide usarla?

Hábito 59 - Por qué no crear un método único

Tal vez te preguntes por qué no deberías crear tus propios métodos y sistemas únicos. Si estás en el negocio de la invención, entonces sí, por supuesto, crea tus propios métodos y sistemas a través de ensayo y error. Sin embargo, si tu objetivo es tener éxito en un campo que ya está establecido, no hay necesidad de reinventar la rueda o de gastar tiempo, dinero y esfuerzo tratando de encontrar una forma diferente de hacer las cosas (cuando el método actual está funcionando claramente).

Identifica lo que es efectivo para otros, imítalo de manera inteligente y añade tu propio toque único para luego recrear un modelo diferente y mejorado. Necesitas ideas para inspirarte, un proceso de trabajo ya establecido para emular. Piensa en corporaciones como Apple. Ciertamente no fue la primera en inventar su línea de productos. Fueron lo suficientemente ingeniosos como para innovar sobre cosas que ya estaban en su lugar.

¡Los empresarios inteligentes son copiones más inteligentes! No pierden tiempo creando cada radio de la rueda o cada aspecto de su modelo de negocio. Son innovadores astutos, no inventores que consumen mucho tiempo. La mayoría de las grandes organizaciones alcanzaron su gloria a través de la innovación y la imitación.

¿Por qué crees que los vendedores de Internet están haciendo una fortuna vendiendo en línea sus secretos y estrategias para ganar dinero? Ganar más dinero enseñando sobre estas estrategias que probablemente lo que ganan de su negocio en línea. Lógicamente, si estuvieran ganando más del negocio, ¿no se guardarían estos secretos para ellos en lugar de invitar más competencia? Esto se debe a que hay una gran demanda de sistemas imitadores en el mundo en línea y fuera de línea hoy en día. Las personas quieren invertir su dinero, tiempo y energía en cosas que ya han demostrado ser efectivas.

Construir algo desde cero lleva mucho tiempo, dinero y esfuerzo y ofrece resultados mínimos. El tiempo es precioso. Pasas una gran cantidad de tiempo tratando de construir un negocio solo para darte cuenta de que has pasado tu tiempo en algo inútil o has obtenido resultados insignificantes que simplemente no valen la pena. ¡Ajusta lo que está en su lugar y adueñate de ello como un jefe! Esa es la forma inteligente de hacer negocios hoy en día. Piensa en la productividad y eficiencia - piensa en términos de crear grandes resultados en un período de tiempo más corto para aprovechar al máximo tu tiempo, esfuerzo y inversión monetaria. Las empresas efectivas ganan mucho dinero en un período de tiempo relativamente más corto. En lugar de buscar nuevos sistemas y probar plataformas tecnológicas, encuentra un negocio exitoso en tu campo y copia el sistema que utilizan. ¡Obviamente lo están haciendo genial!

Hábito 60 - Encuentra un líder empresarial en tu industria

Identifica a una persona que tenga éxito en un negocio similar al tuyo o en el que aspiras a entrar. Si estás viendo un crecimiento lento en algún aspecto del negocio, una buena idea sería identificar quién tiene éxito o buscar un líder en el mismo sector empresarial y copiar su método. Por ejemplo, si te está yendo bien con la retención de clientes pero el negocio falla en la adquisición de nuevos clientes. Identifica un negocio en tu industria que tenga mucho éxito en la adquisición de nuevos clientes. Luego, copia sus métodos de adquisición de clientes (quizás agrega tus propias innovaciones).

Hábito 61 - Procura estar más cerca del líder de la industria

Estudia cuidadosamente al líder empresarial, accediendo lo más posible a su círculo íntimo. Intenta estar en la lista de contactos de su líder. Suscríbete a sus boletines informativos. Síguelo en sus redes sociales para ver qué tipo de publicaciones generan más reacciones. Observa qué hace que su audiencia participe, converse y tome medidas. Trata de establecer una relación con el fundador, líder de pensamiento o influencer del negocio. Asiste a seminarios organizados por ellos o donde puedas encontrártelos. Sígueles en redes sociales: Facebook, LinkedIn y Twitter. Conecta de forma estratégica para acceder a su círculo íntimo.

Una de las mejores formas de hacer esto es dejando consistentemente comentarios perspicaces en sus blogs y publicaciones en redes sociales. Cuando dejas comentarios valiosos en las publicaciones de alguien o contribuyes a la discusión de manera perspicaz, la gente lo nota. Tarde o temprano, el líder te notará. Añade valor y sigue ayudando a otros para que estos líderes de pensamiento te noten y te ayuden cuando necesites colaboración, sugerencias y consejos. Los líderes de pensamiento se sienten naturalmente atraídos por otros pensadores perspicaces y conocedores que presentan ideas y soluciones revolucionarias.

Otro súper consejo para acercarse a los líderes de opinión es enviarles un correo electrónico y decirles por qué los admiras. No pidas ningún favor o sugerencia. Simplemente menciona una o dos razones específicas por las que los admiras. Por ejemplo, "Aprecio realmente la forma en que traes soluciones estratégicas e innovadoras para la retención de empleados" o "tus puntos de vista sobre fusiones y adquisiciones fueron inusuales y bien pensados." No des cumplidos vagos como "Realmente me encanta tu blog" o "Soy fan de tu escritura y puntos de vista." Ser específico es la clave. No des la impresión de estar desesperado cuando les escribas. También recomendaría usar sus productos o servicios y compartir tus comentarios/opiniones sobre los mismos.

Hábito 62 - Observa cómo él/ella hace negocios

Acecha (bueno, no literalmente) a tu líder empresarial para aprender cómo hacen negocios y por qué. Identifica y destaca sus mejores prácticas. Observa cómo conducen sus negocios. Cuando aprendas cómo lo hacen los maestros, ¿por qué hacerlo de otra manera? ¿Cómo opera la persona su negocio? ¿Cuáles son los diversos aspectos de su negocio? Comprende su negocio y modelo de monetización.

Escoge una o dos cosas de su funcionamiento para acelerar tu negocio. Por ejemplo, puedes observar que los mejores desempeños y fundadores de empresas casi siempre están comprometidos en dar presentaciones a clientes para impulsar sus resultados, mientras han contratado personal de apoyo para actividades que consumen mucho tiempo, como enviar correos electrónicos en su nombre a posibles clientes. Te das cuenta de que la delegación aprovecha el tiempo, esfuerzos y habilidades. Haz lo mismo y emplea las mismas estrategias para tu negocio.

En el mundo de hoy, es fácil entender un modelo de negocio porque todo está en línea. Estudia a fondo el negocio en línea para conocer su funcionamiento interno. ¿Tiene el negocio presencia en línea? ¿Cómo están diseñadas sus páginas de inicio, blogs y sitios web? ¿Cómo están escritos sus correos electrónicos y publicaciones en redes sociales? ¿Cómo se redacta su copia de ventas? ¿Cómo se escriben sus blogs? ¿Cómo interactúa el propietario/fundador/personal con los seguidores en los canales de redes sociales? ¿Cómo lanzan sus productos? ¿Cómo generan expectación antes, durante y después del lanzamiento?

Líderes empresariales imitadores. Comienza a aplicar las prácticas más efectivas de tu mentor empresarial a tu negocio, paso a paso. Varias empresas en línea y fuera de línea han encontrado un gran éxito al imitar e innovar en los sistemas de otras empresas exitosas.

Por supuesto, el trabajo duro no puede ser descartado. Sin embargo, hoy en día, también se trata de estrategias de trabajo inteligentes y una de las cosas más inteligentes que puedes hacer para elevarte rápidamente hacia la riqueza y el éxito es seguir sistemas establecidos para ganar dinero.

Si piensas que el empaque de un producto es enormemente atractivo para los clientes, ¿por qué optar por otros colores? Del mismo modo, si la fuente y la colocación de la imagen funcionan de maravilla para el diseño de la portada de un libro, ¿por qué experimentar con algo diferente? Ha habido personas exitosas antes que tú que ya han hecho el trabajo duro experimentando. Ahórrate el esfuerzo y simplemente copia el camino hacia el éxito siguiendo lo que ha demostrado funcionar.

Hábito 63 - Mantén un registro de todo lo que te inspira

Un imitador inteligente siempre tiene un álbum de recortes lleno de ideas. Hay muchas aplicaciones de notas que puedes usar en tu teléfono inteligente o tableta para el proceso de creación de ideas o toma de notas. Observa a cualquier visionario exitoso con un montón de ideas. Sus libros y aplicaciones siempre están llenos de bocetos, imágenes, historias, pistas de una sola palabra e ideas escritas de forma aproximada.

De esta manera, cuando te encuentres con una idea que puedas usar para tu propio negocio, puedes anotarla rápidamente para futuras referencias. Las ideas a menudo se pierden cuando no se plasman en un documento porque nuestro cerebro hiperactivo sólo puede recordar tanto. Adquiere el hábito de registrar tus ideas y sistemas que desees emular. Puede ser cualquier cosa, desde una nueva palabra o frase utilizada por un competidor que se pueda usar en tu propia copia, hasta un sistema que una empresa está utilizando para reducir sus costos operativos.

A veces, las ideas de otra persona te inspirarán y te impulsarán a construir tus propias ideas en torno a ella. Nuestras propias ideas provienen de una combinación de diferentes ideas, que fueron creadas por otros líderes en fragmentos ásperos.

Hábito 64 - Copiar ideas y conceptos

A menos que haya una ley clara de derechos de autor o legislación intelectual en su región de la que no esté al tanto, afortunadamente, no hay nada que le impida tomar prestadas las ideas de otras personas. Consideremos un ejemplo. Digamos que desea tener un gran éxito en la industria de la autoedición. Ahora, observe a un exitoso autor de libros electrónicos que se está haciendo rico publicando libros en Kindle.

Obviamente no puedes copiar lo que escriben ya que está protegido por derechos de autor. Sin embargo, hay ideas y conceptos que puedes tomar prestados para experimentar el mismo éxito que el autor de best-sellers.

Así que notas que el autor no solo crea libros electrónicos, sino también versiones de audio y discursos a partir de ellos. Esta es la fórmula principal de su éxito. O probablemente ofrecen versiones en paquete de libros para brindar un mayor valor a sus lectores. ¡No hay nada que te impida utilizar su fórmula de éxito! Entonces, si bien no puedes en esencia copiarlo todo, puedes tomar prestadas ideas exitosas, fórmulas, conceptos y estrategias para tu propio trabajo o negocio.

Como imitador, es extremadamente importante cumplir con las leyes y la cortesía básica. Muestra respeto por el trabajo de otras personas. Da crédito donde sea debido. No hagas nada a los demás que no querrías que te hicieran a ti. Ten en cuenta los derechos de autor y otras leyes antes de simplemente copiar y pegar el sistema o ideas de alguien. Mira a tu alrededor, y encontrarás imitadores por todas partes. FedEx tomó prestado del Servicio Postal de EE. UU. y creó su propio sistema de envío a tarifa plana. ¿Es una idea nueva? Si viste el programa de CNBC "The Costco Craze, Inside the Warehouse Giant", sabrás de qué estoy hablando. Costco envió a sus empleados a las tiendas de la competencia para hacer seguimiento y enviar detalles de productos y precios a la oficina central de la empresa. De manera inteligente lo llamaron investigación de mercado, ¡cuando no era más que imitación! No te presiones para crear nuevas ideas todo el tiempo. La originalidad a veces está un poco sobrevalorada a menos que tengas algo verdaderamente revolucionario y rompedor. En su lugar, sal y busca ideas ganadoras que puedas copiar o mejorar.

En el ejemplo anterior, escribe tu propio eBook exitoso sobre un tema que funcione pero dale tu toque único. Por ejemplo, si te das cuenta de que los libros sobre cómo disfrutar de un matrimonio feliz funcionan bien, puedes darle tu propio enfoque con cómo reconstruir la confianza y disfrutar de un matrimonio feliz después de la infidelidad. Estás tomando un tema ya establecido y probado, pero también añadiendo tu propio ángulo único para definir a tus lectores. Las costillas y los huesos están todos ahí, solo agrega el cuerpo. La hamburguesa está lista, disfrútala con tu propia salsa original. ¿Captas la idea?

Hábito 65 - Formar asociaciones beneficiosas

Colaboraciones y asociaciones mutuamente beneficiosas son una excelente manera de hacer crecer tu negocio a largo plazo. Puede que tengas una página en redes sociales o comunidad para madres o viajeros. ¿Cómo puedes monetizar ahora? Tal vez acercarte a otras comunidades similares juntas y unir fuerzas para aproximarte a marcas de mamás-bebés o de viaje para publicidad con un público más grande. De igual manera, un negocio puede beneficiarse de algo que tú tienes, como una audiencia más grande, mientras que tú puedes aprovechar su experiencia en la materia. Es una situación en la que todos ganan, ayudando además a ambos negocios a ahorrar dinero, tiempo y esfuerzo preciados.

Capítulo Diez: Consigue un Mentor

"Dicho esto, también debo agregar que aprendí mucho al haber sido permitido en estos círculos privilegiados y estoy agradecido por la oportunidad de haber trabajado de cerca con algunas de las personas más poderosas y exitosas en el negocio, incluyendo a Steven Spielberg y Ted Turner." - Douglas Wood

¿Te preguntas cómo adquirían conocimiento las personas antes de Google, las universidades o incluso los libros? Aprendían de otras personas. Acercarse y aprender de otras personas se ha vuelto aún más fácil ahora con la llegada de internet y las redes sociales. Los influencers, líderes empresariales y pensadores están más accesibles y abiertos a interactuar con su audiencia que nunca antes. El mentorazgo se remonta a la era de la antigua Grecia cuando los filósofos tenían sus propias disciplinas que transmitían todo su conocimiento y sabiduría. Es un método probado y comprobado de aprender de la experiencia, la sabiduría y las estrategias de los jugadores experimentados en el mercado.

Obtener un mentor sólido, experimentado y conocedor

puede acelerar tu medidor de éxito 10 veces más rápido. ¿No sabes cuáles son las mejores prácticas para conseguir un mentor? ¡Aquí estoy revelando todos los secretos!

Hábito 66 - Nunca preguntar directamente

Lo más estúpido que alguien haya hecho es acercarse a mí con correos electrónicos preguntando si sería su mentor. ¡Un gran no! Nunca te acerques a líderes que te gusten con correos electrónicos instándolos a ser tu mentor. Pensarán que estás siendo groseramente delirante. La mayoría de las personas son serviciales y no les importa colaborar cuando necesitas orientación o sugerencias, pero no van a estar unidos a ti inseparablemente. Así que la palabra mentor probablemente los hará ir en otra dirección.

Además, la ayuda no es de una sola vía. Si las personas hacen un esfuerzo extra para hacer algo por ti, también esperarán que devuelvas el favor. ¡No hay almuerzos gratis en el mundo! Mantén tu comunicación breve, directa y simple. Puedes hacerles una o dos preguntas o darles un cumplido específico (como se discutió en el capítulo anterior). Evita pedir un favor enorme al principio.

Cuando alguien te ofrece un gran valor, no lo subestimes ofreciéndote a comprarle café u algo tonto de ese efecto. Debes ser lo suficientemente convincente como para merecer el tiempo y la atención de alguien.

He probado múltiples enfoques cuando se trata de acercarme a los mentores, el que funciona efectivamente para mí es, ofrecer un cumplido específico al mentor líder de pensamiento, seguido por mi propia opinión sobre algo sobre lo que han escrito recientemente en su blog, y finalizando con una pregunta en la que necesito más orientación. ¡Casi siempre funciona! Has satisfecho su ego al decirles que admiras su trabajo y luego has revelado tu conocimiento/inteligencia al ofrecer tu propia opinión única sobre un tema del que recientemente han discutido. ¡Finalmente, les das la máxima importancia al buscar sus valiosas aportaciones sobre un problema, tema o asunto! ¿A quién no le gusta cuando la gente busca su orientación y sugerencias?

Hay toneladas de hilos de discusión y comunidades en LinkedIn, que es una mina de oro para mentores. Encuentra un hilo o comunidad que sea relevante para tu negocio/industria, busca líderes de pensamiento activos y mentores que sean iniciadores regulares de conversaciones, y agrega valor a las discusiones iniciadas por ellos. Así es como construyes tu presencia. ¡No simplemente le pides algo a alguien, te ganas tu lugar como su aprendiz!

Di que estás buscando trabajo y conoces a alguien influyente dentro de una industria donde te quieres establecer. Te presentan a esa persona en un evento de networking/seminario. ¿Qué haces a continuación? ¿Pedirle trabajo? ¡Darás la impresión de ser un completo perdedor! En vez de eso, ¿qué tal si le pides un pequeño favor (revisar tu currículum para cualquier sugerencia o retroalimentación antes de enviarlo a posibles empleadores)?

De esta manera, presentarás hábilmente todo tu conjunto de habilidades ante ellos, al mismo tiempo que permaneces en su mente cuando surge un rol similar. Ellos pueden conocer a alguien que pueda utilizar tus habilidades o pueden contactarte para un puesto en su organización o en la organización de sus referencias. No les pediste directamente al influencer por un trabajo, pero aún así hiciste avances en el mundo de oportunidades dentro de su organización o industria. Ser inteligente y tener recursos es la clave.

Además, las personas realmente se sienten bien cuando les pides que compartan su opinión sobre algo. Por lo tanto, estás cumpliendo un doble propósito al pedir a mentores de alto rango que revisen tu currículum.

Hábito 67 - Pasar tiempo con personas activas aumenta nuestra energía de acción propia.

La investigación ha demostrado que nos volvemos más parecidos a las cinco personas con las que pasamos más tiempo. Obviamente, cuando pasamos tiempo con gente, queramos o no, acabamos absorbiendo su energía a nivel subconsciente. Ocurre de forma tan sutil y sin que nos demos cuenta que ni siquiera nos damos cuenta. Por lo tanto, si pasas más tiempo con personas que se sienten atrapadas por la inercia, la procrastinación, la pereza, la negatividad, etc., empiezas a pensar y sentir como ellos.

En cambio, elige a las personas con las que pasas la mayor cantidad de tiempo.

Code switch to match cultural millennial norms and references is relatively common in the social media age. Family day, date night, epic fail, and brain fart are examples of code-switched expressions.

Me gustaría que hicieras un pequeño experimento la próxima vez que estés con un grupo mixto de personas o en una fiesta de oficina. Interactúa con un grupo de personas con alto rendimiento o éxito y con un grupo de personas con un rendimiento no tan bueno o promedio. Las conversaciones del primer grupo serán muy diferentes a las del segundo.

Mientras que los artistas siempre piensan en términos de su próxima acción, ideas o soluciones, los artistas promedio estarán ocupados culpando al sistema, a otras personas y circunstancias por su inacción. Tendrán un enfoque más reactivo que proactivo. ¡Sus conversaciones se centrarán en excusas y problemas, no en soluciones e ideas!

Aprenderás rápidamente a diferenciar entre estos dos grupos y harás un esfuerzo por quedarte cerca de personas exitosas una vez que observes cómo impacta en tus propios pensamientos, acciones, mentalidad y hábitos.

La mayoría de las personas exitosas y ricas no se hicieron ricas y exitosas de la noche a la mañana. Transformaron su vida al llevar a cabo una transformación dentro de su mentalidad. Antes de poder adquirir riqueza y éxito en persona, empezaron a pensar de manera rica y exitosa. Cuando te relacionas con estas personas ricas y exitosas, desarrollas las mismas ideas ganadoras y mentalidad de encontrar soluciones.

Hábito 68 - Mantente en contacto

No esperes recibir una respuesta con un solo correo electrónico o comentario en redes sociales. Cuando te acerques directamente a las personas para que sean tus mentores, hay diferentes maneras de hacerlo. Probablemente los conociste en un evento de networking y no quieres que te olviden, en cuyo caso puedes enviarles un mensaje o correo electrónico diciendo que fue maravilloso conocerlos y te gustaría mantener el contacto con ellos para futuras asociaciones/colaboraciones.

Deja mensajes en festivos y fiestas para que sigas presente en su conciencia. A veces, cuando pides algo, pueden no responder o responder negativamente, diciendo que están ocupados. Acéptalo con gracia y diles que lo entiendes. Intenta enviarles información o enlaces que sean relevantes e interesantes para ellos en el futuro. Intercambiar correos electrónicos sobre recomendaciones de libros, blogs, artículos de periódico y preguntas es una buena manera de mantenerse conectado con tus mentores.

Es posible que no te encuentres con estas personas con frecuencia. Sin embargo, pídeles amablemente sus sugerencias y aplícalas. Dale tiempo a la relación para crecer. Sin embargo, mantén el ímpetu al mantener contacto regular con ellos. Si te ofrecen una sugerencia, consejo o recomendación que funcionó, no te olvides de enviarles un correo mencionándolo. Los mentores estarán aún más motivados para ofrecer sus consejos, sugerencias y recomendaciones a las personas que realmente lo aprecian.

Crea razones inteligentes para hacer un seguimiento

con la persona con el fin de mantener la conexión y la relación de forma continua. Si discutiste un tema específico con ellos durante tu reunión en persona, envíales blogs o artículos relacionados con él con una nota sobre cómo disfrutaste discutir el tema con ellos y pensaste que podrían encontrar el blog/artículo interesante o valioso. Añade referencias o fragmentos de la conversación que compartieron ambos.

Nunca olvides enviar una nota de agradecimiento si te hacen un favor o te ofrecen valiosos consejos/sugerencias/recomendaciones. Si algo que los mentores te dijeron funcionó de maravilla, no olvides mencionárselo. Sigue encontrando razones y oportunidades para mantenerse conectado. No tiene sentido construir tu red de contactos sin hacer un esfuerzo por mantener el contacto regularmente.

Hábito 69 - Ser serio acerca de tu oficio

Cuando te acercas a alguien que es altamente exitoso en su campo, hay altas posibilidades de que se tomen su oficio muy en serio. Las personas exitosas y con altas posiciones desprecian a los derrochadores de energía y perdedores de tiempo. Tienes que demostrar que te tomas tu oficio en serio para que te tomen en serio. Mantén la misma intensidad, pasión, energía y entusiasmo por el trabajo que ellos. Muéstrales cómo estás preparado para ir más allá solo para aprender de ellos. Empuja los límites. Deja que tu energía contagiosa y entusiasmo se contagie a los demás.

Hábito 70 - Evita ser un aprendiz pasivo

Conozco personas que creen haber alcanzado el éxito

mundial una vez que se aferran a un mentor. No funciona así. No eres un aprendiz pasivo. Tú eres el responsable de tus metas, cultivando una relación con tu mentor, buscando activamente sus consejos y asistiendo a eventos siempre que tengas la oportunidad.

Tus esfuerzos no deben terminar una vez que consigas un mentor. Construir una red fabulosa de mentores requiere compromiso, tiempo y energía. A veces, tendrás que viajar a lugares lejanos solo para conocer a alguien a quien siempre hayas admirado de una industria anterior. Conócete a ti mismo, tus valores y tu estilo de trabajo para obtener el máximo valor de tu relación con el mentor.

Hábito 71 - Encuentra a alguien que llene tus lagunas de habilidades

No persigas a un mentor que sea tu clon. Por supuesto, quieres encontrar a alguien cuyas ideologías, valores y estilo de trabajo coincidan con los tuyos. Sin embargo, busca a alguien que pueda compensar las lagunas en tus habilidades. Hay valor en hacer que tus fortalezas sean aún más fuertes, pero hay un valor aún mayor cuando alguien puede ofrecerte orientación y consejos en un área en la que claramente estás luchando. Alguien que pueda complementar tus habilidades es un gran mentor.

Construir el éxito y la riqueza consiste en estar en un constante estado de aprendizaje y tener a las personas adecuadas a tu alrededor para acelerar el proceso de aprendizaje. Es importante que el mentor complemente tus propias fortalezas.

Por ejemplo, puedes ser un maravilloso diseñador de aplicaciones que diseña las aplicaciones más elegantes con la destreza tecnológica requerida. Sin embargo, puedes carecer del acumen de marketing para promocionar estas aplicaciones a los usuarios. Un buen mentor es alguien que puede intervenir y llenar el vacío para ayudarte a generar mejores ideas de marketing y promoción.

Hábito 72 - Evita seguir a un mentor ciegamente.

Comprende que nadie puede vivir tu vida. Los mentores están ahí para ofrecerte consejos, sugerencias y perspectivas basadas en su experiencia. Sin embargo, estas pueden no ser adecuadas para ti o necesitar algunos ajustes, o puede que necesites desarrollar sus ideas. Los mentores no pueden tomar decisiones generales o unilaterales por ti.

Solo pueden ofrecer sugerencias. La decisión de aplicar estas sugerencias y recomendaciones a su negocio/trabajo debe ser su decisión y discreción. El papel de un mentor es más ayudarlo a reflexionar sobre algo, no seguirlo ciegamente.

Hábito 73 - Tómate tiempo para establecer conexiones genuinas

No pretendas ser una mariposa social saltando de un grupo a otro, dando la impresión de que conoces a mucha gente. Es la calidad de tus conexiones lo que importa, no la cantidad. Tómate el tiempo para hacer conexiones genuinas con cada persona. Explora cómo puedes agregar valor a lo que están haciendo y cómo puedes beneficiarte de su experiencia y conocimientos. No te apresures de una persona a otra en un intento de adquirir un montón de tarjetas de negocios. Sin embargo, pasar media hora con un buen contacto es más valioso que pasar 2-3 minutos con 10 contactos.

Aprovecharás al máximo tus oportunidades de networking al centrarte en contactos genuinos. Identifica un puñado de líderes, mentores y contactos, y concéntrate en ellos en lugar de adquirir un montón de tarjetas de presentación sin sentido, donde la gente ni siquiera recuerda haberte conocido. Tómate el tiempo para descubrir cómo tú y el líder/mentor pueden agregar valor a los proyectos o negocios del otro. Si les ofreces una propuesta de valor sólida, es probable que se asocien contigo de alguna manera.

Construir conexiones se trata de nutrir relaciones. No te olvides de agradecer a tus mentores, influencers o líderes de pensamiento por sus sugerencias, información o ayuda. Toma notas sobre lo que se discutió en tu última interacción con ellos para poder impresionarlos citando la conversación anterior. Esto le agrega un toque personalizado a la correspondencia.

Hábito 74 - Intenta ser parte de tantos grupos profesionales como sea posible.

Forma parte de los grupos profesionales en línea y fuera de línea, organizaciones, entidades empresariales y clubes donde es más probable que se encuentren personas de tu industria. Estos son lugares ideales para encontrarte con personas afines de las cuales puedes aprender o colaborar en el futuro. No te pierdas eventos de networking empresarial, seminarios, conferencias, charlas, exposiciones y almuerzos dentro de tu ciudad o industria. Estos son los mejores lugares para conocer a personas de tu campo.

Hábito 75 - Voluntarios para acercarse a las personas

Un consejo profesional que puedo ofrecerte para causar una impresión positiva en las personas es hacer trabajo voluntario. Asume responsabilidades adicionales dentro de tu organización/fuera de la organización u ofrece ayudar al mentor yendo más allá de tu deber. Esta es una excelente manera de captar la atención de las personas y aumentar tu visibilidad. Cuando haya una oportunidad adecuada para una asociación o trabajo, tu disposición proactiva aumentará tus posibilidades de ser considerado sobre otros. Trata de buscar consejos de expertos sobre cómo expandir tu red.

Hábito 76 - Aprovecha el poder de tus contactos sociales pidiendo referencias

¿Recuerdas la regla de los seis grados de separación? Afirma que cada persona en el planeta puede estar conectada a otra persona a través de un enlace compuesto por un máximo de cinco conocidos o contactos. Significa que estás más cerca de tu mentor de lo que piensas. Simplemente tienes que aprovechar el poder de tu lista de contactos existente para construir más contactos o adquirir un mentor. Conocer gente a través de contactos que ya conoces te ahorra la molestia de acercarte a tu mentor como un extraño. Si quieres que te presenten a un líder importante o mentor dentro de la industria, pasa un tiempo con personas que lo conocen.

No pidas sus detalles de contacto o solicites una cita inmediatamente. Haz una solicitud educada para ser presentado al "biggie". Busca la función de presentación en LinkedIn, donde los contactos existentes pueden presentarte a nuevos conocidos profesionales.

Cuando ves un grupo grande en un evento de networking empresarial y conoces a algunas personas del grupo, acércate y saluda a las personas que conoces, al mismo tiempo que te presentas a los nuevos conocidos. Intercambia tarjetas de presentación e intenta obtener los detalles de contacto de todos. Por supuesto, este no es el lugar para pedir trabajo, asociación, mentoría, negocios o cualquier favor. En cambio, pide sugerencias, consejos o recomendaciones de la persona.

Recuerda, estás aprovechando estos contactos para el futuro, lo que significa que los favores inmediatos son un gran error. Por ejemplo, si estás buscando trabajo, no puedes pedirle trabajo directamente a alguien. En cambio, puedes buscar su consejo sobre consejos que puedan ayudar en tu búsqueda de trabajo. Esto te presenta como un profesional menos desesperado y más creíble.

El objetivo principal al relacionarse con personas antes de acercarse a un mentor debe ser construir una relación y desarrollar asociaciones profesionales sostenibles y a largo plazo. No busques ganancias rápidas y a corto plazo cuando se trata de construir relaciones con mentores o personas influyentes dentro de tu industria.

Sigue preguntando a tus contactos existentes por referencias o presentaciones. Cada persona que conoces a su vez conoce alrededor de 200 personas. No dejes sin aprovechar una fuente de red valiosa. Una de las maneras más rápidas de hacer crecer tu red es solicitar recomendaciones a tus contactos existentes. Estarán aún más felices de compartir nombres de su lista de contactos si compartes algunos de los tuyos.

Hábito 77 - Consigue un compañero para escuchar

Cuando hablas, solo refuerzas lo que ya sabes. Sin embargo, cuando escuchas, aprendes algo nuevo. Evita hablar demasiado para impresionar a un mentor potencial y escucha. Pide el consejo, opinión y punto de vista de la otra persona sobre un asunto importante dentro de la industria.

Permite que añadan valor a tu conocimiento. Si sigues hablando, la otra persona puede tener la impresión de que no estás interesado en lo que están diciendo. Además, ofrece indicios verbales y no verbales de que estás escuchándolos atentamente. Las pistas verbales pueden ser "aha", "ohh" y "hmm", mientras que las pistas no verbales de escucha pueden ser asentir con la cabeza. También puedes parafrasear lo que la otra persona dijo para demostrar que has estado escuchándolos activamente. También me gusta hacer preguntas a la persona sobre lo que dijo no solo para verificar mi comprensión, sino también para señalar hábilmente a la otra persona que los he escuchado atentamente. A menudo no nos damos cuenta de que nuestras habilidades de escucha impresionan a las personas tanto como nuestras habilidades para hablar. Puedes hacer preguntas perspicaces sobre algo que han dicho para dejarlos sorprendidos.

Consejos para acercarse a influencers y líderes de pensamiento en redes sociales y otras plataformas en línea

Hábito 78 - Investigación y más investigación

Hay múltiples herramientas como Buzzsumo (con su suite de influencers llena de poder) que te permiten no solo descubrir, sino también contactar y estudiar datos de influencers. Tienen un útil motor de búsqueda que permite a las personas encontrar a los influencers más poderosos en cualquier tema/industria. También hay características adicionales que ayudan con tu plan de contacto. Otra aplicación útil que te permite identificar influencers en redes sociales y monitorear conversaciones es Hootsuite. Puedes crear y guardar una lista de Twitter en la plataforma para rastrear fácilmente los detalles de tus influencers y participación. ¿Qué genial, no?

Hábito 79 - Únete a los chats en línea en los que tu influencer objetivo es especialmente activo.

Hay muchas conversaciones ocurriendo en plataformas en línea si estás tratando de perseguir una relación con el influencer deseado y luego participar activamente en las conversaciones. Encuentra las conversaciones más activas y los expertos en Reddit, Quora, grupos de LinkedIn y otros seminarios web especializados.

Identifica dónde se reúnen tus influencers y comienza a hacer sentir tu presencia en estas plataformas. Twitter es un buen lugar para empezar a impresionar a los influencers dentro de tu industria. Organizado por un hashtag, hay muchas conversaciones ocurriendo en el mundo en línea. ¡Encuentra aquellas que sean relevantes para tu industria o área de experiencia y destácalas!

Hábito 80 - Contactar a contactos mutuos

Esta no es la estrategia más impactante, pero a menudo son los conceptos básicos los que ignoramos. Busca cualquier conexión mutua entre tú y el influencer. El mundo es más pequeño de lo que creemos. Acércate a tu propio contacto de redes sociales o seguidor y pídeles que te presenten al influencer. De esta manera, no serán tomados por sorpresa.

Hábito 81 - Mantenlo organizado

Si estás contactando a muchos influencers con la esperanza de que uno de ellos acepte ser tu mentor, mantén todo organizado. Lleva un registro de las fechas en que los contactaste, las conversaciones que tuviste, la fecha/hora en que te pidieron que volvieras a contactarlos y más. De esta manera, es probable que impresiones a estos influencers con tu diligencia y esfuerzos disciplinados. Además, evitarás muchas situaciones incómodas.

Hábito 82 - Prueba MicroMentor o el Mentoring de SCORE

Estas dos son plataformas en línea que brindan a los

propietarios de pequeñas empresas y principiantes acceso a un mentor. Puedes encontrar muchos mentores aquí, o incluso ofrecerte como voluntario para ser uno. SCORE Mentoring cuenta con voluntarios con experiencia en 62 industrias, por lo que tienes todas las posibilidades de encontrar a alguien que conozca tu industria a fondo. Aprovecha el poder de estas plataformas para encontrar a tus mentores en línea.

Cómo encontrar y retener un mentor - los pasos

La mayoría de las personas no entienden el concepto de mentoría, y eso incluye a mí en mis días iniciales también. A menudo pensamos que la mentoría se trata de nosotros y de encontrar el mejor mentor/maestro. ¡No, necesitas a alguien que no solo conozca bien su oficio, sino también alguien que invertirá en ti y te enseñará. Y finalmente, debes hacer el trabajo, ¡el mentor solo te guiará hacia él! Aquí están mis pasos secretos para no solo conseguir un mentor increíble, sino también mantenerlo.

Hábito 83 - Busca a alguien que quieras emular

No te limites a buscar un mentor y agarrar al primer pato que encuentres. No solo necesitas a alguien que sea rico, exitoso y bueno en su trabajo. También quieres a alguien cuyos valores, estilo de trabajo y perspectivas se parezcan a los tuyos. ¿A quién aspiras a ser como? Encuentra a alguien a quien admires, te guste y con quien te puedas identificar. Tómate tu tiempo para examinar varios candidatos antes de elegir a tu mentor, que probablemente sea la persona con la que quieras estar dentro de algunos años.

Hábito 84 - Investigar a la persona

Una vez identificado un mentor o un par de mentores, conócelos a fondo. Sigue sus blogs y cuentas de redes sociales. ¿Te gusta su persona pública? Asegúrate de entender sus fortalezas y debilidades. Mantén expectativas realistas.

Hábito 85 - Programar una reunión

Como discutimos anteriormente, no le pidas a la persona que sea tu mentor. En su lugar, prepara una lista de preguntas pero no la saques frente al mentor. Úsala para guiar tus conversaciones, las cuales deberían fluir de manera orgánica. Adáptate al estilo de comunicación del mentor. Si él/ella es más formal, adopta un enfoque similar. Sin embargo, no caigas en la trampa de actuar como viejos amigos si él/ella actúa de manera súper genial y casual. Evita tomar libertades con tu mentor y mantén la ecuación mentor-mentorado en todo momento.

En lugar de solicitar una reunión formal, pide hablar con tu mentor/a tomándose un café o brunch. Que no dure más de un par de horas. La primera reunión debe ser concisa y al grano para que esperen con interés volver a encontrarte. Si se alarga demasiado, los harás salir corriendo.

Hábito 86 - Evaluar la interacción

Una vez que conozcas a esta persona, pregúntate si quieres pasar más tiempo interactuando con ella.

¿Cómo son sus vibras? ¿Te hacen sentir positivo, inspirado y alentado a alcanzar tus metas? ¿Te hicieron suficientes preguntas, y las adecuadas? ¿Te dieron respuestas a las preguntas que planteaste? ¿Sentiste una conexión con ellos? ¿Crees que la relación puede continuar en el tiempo? Si la respuesta es mayormente sí, crea un plan de seguimiento.

Hábito 87 - Seguimiento

De acuerdo, ahora esto no es como salir en citas. Puedes mostrar interés y ser ambicioso. De hecho, deberías demostrar un entusiasmo adicional para ser el aprendiz de alguien. Simplemente no parezcas demasiado desesperado. Hay una línea muy fina entre los dos. Haz un seguimiento agradeciendo al mentor por su tiempo, paciencia e ideas. Puedes enviar un correo electrónico o un mensaje de texto sin parecer abrumador.

Aprovecha esta oportunidad para mencionar que te gustaría volver a verlos. Si él/ella está de acuerdo, toma un calendario y fija una fecha y hora inmediatamente si puedes. Asegúrate de que el mentor esté relajado y no se sienta presionado para ceder a tu petición.

Hábito 88 - Deja que la relación se desarrolle de forma natural

No coloques demasiadas expectativas en la tutoría o fuerces la construcción de relaciones. Permite que evolucione de forma natural con el tiempo. Es más o menos como cualquier otra relación, basada en la confianza mutua, lealtad y respeto. Dale tiempo para florecer. Forzar la relación solo matará una relación maravillosa.

Capítulo Once: Mantén una actitud proactiva, no reactiva

Una joven pareja estaba una vez haciendo los preparativos para la cena. La mujer cortó los bordes del jamón antes de ponerlo en un molde para hornear. Su esposo le preguntó por qué lo hizo porque parecía ser un desperdicio.

La dama respondió. "Realmente no lo sé." Corté los bordes del jamón antes de hornearlo porque vi a mi mamá haciéndolo."

La pareja luego se acercó a la madre de la señora y le preguntaron por qué cortaba los bordes del jamón antes de hornearlo. "No lo sé. Mi madre siempre lo hacía y yo hice lo mismo."

A continuación, van a la abuela de la señora y le preguntan por qué siempre cortaba los extremos del jamón antes de hornearlo. Pat vino la respuesta, "esa era realmente la única forma en que podía meter el jamón en mi sartén pequeña."

Esto es más o menos lo que la mayoría de las personas

hacen en su vida. Viven su vida en piloto automático, haciendo lo que otras personas hacen sin tomar control de su vida o saber por qué hacen lo que hacen. Caminar dormido por la vida no te llevará a ningún lado. Apenas paramos a reflexionar sobre por qué hacemos lo que hacemos. Simplemente reaccionamos a lo que se nos presenta en lugar de ser lo suficientemente valientes para construir nuestro propio camino. Hay múltiples opciones disponibles para nosotros y en nuestra limitada, reactiva perspectiva de las cosas, no vemos el panorama general.

No hagas lo que otros hicieron con su 'pan.' Tú tienes tu propio y único 'pan.' Se proactivo para determinar cómo y por qué haces algo.

Déjenme ser muy claro aquí: rara vez vas a construir una vida próspera, exitosa y satisfactoria adoptando un enfoque reactivo. Las personas reactivas son guiadas por sus circunstancias externas, otras personas y cosas fuera de su control, lo que significa que si tienes un enfoque reactivo, estás limitando tus posibilidades de éxito. Si tu empresa está despidiendo a muchas personas para reducir costos y pierdes tu trabajo, eso es el fin del mundo para ti. Las personas reactivas responden a circunstancias y otras cosas más allá de su control, mientras que las personas proactivas aceptan la responsabilidad por sus acciones, independientemente de sus circunstancias, personas y otros factores que están fuera de su control. Ellos sostienen el volante de su vida y la llevan donde quieren, sin importar los baches y obstáculos a su alrededor. En lugar de ofrecer excusas, culpar a otras personas o esperar a que una oportunidad llame a su puerta, ¡salen y crean puertas!

Las personas proactivas aceptarán la responsabilidad de sus acciones y se harán responsables de todo lo que hagan. Uno puede tener una razón para tener éxito, donde triunfa a pesar de todos los obstáculos, o tener una excusa para no tener éxito, donde fracasa a pesar de haber recibido varias oportunidades. No se puede tener ambas cosas. Las personas reactivas tienen excusas, mientras que las personas proactivas tienen razones convincentes para tener éxito (sus "porqués").

Acepta lo que está fuera de tu control y trabaja en ello. Hay algunas cosas que estarán fuera de tu control, no importa cuánto desees cambiarlas. Tu raza, color de piel, etnia, antecedentes familiares, circunstancias de crianza, altura, lugar de nacimiento o lugar donde fuiste criado y otros. Estos son algunos ejemplos de factores que están fuera de tu control. Simplemente no puedes hacer nada al respecto.

Todo lo que puedes controlar es cómo reaccionas ante ello. Puedes quejarte sobre el hecho de que naciste en un entorno desfavorecido y racial, o puedes convertir tus supuestas debilidades en fortalezas y llegar a ser un campeón empático con personas de diferentes ámbitos de la vida al convertirte en el presentador de televisión mejor pagado, piensa en Oprah Winfrey. Las personas exitosas se dan cuenta bastante temprano de que están a cargo de su vida y que la clave para desbloquear su destino soñado está en sus manos.

Sé que algunos de ustedes están pensando, sé que es genial ser proactivo pero me cuesta desarrollar una mentalidad proactiva. No se preocupen, al igual que otras estrategias y principios de éxito, también los tengo cubiertos aquí. Aquí están algunos de mis mejores consejos para desarrollar un enfoque más proactivo.

Hábito 89 - Enfócate en soluciones, no en problemas.

Una diferencia importante entre las personas reactivas y proactivas es que mientras las personas reactivas se centran en los problemas, las personas proactivas están centradas en la solución. Eligen enfocarse en la solución en lugar de obsesionarse con un problema. ¡Todos enfrentan desafíos y circunstancias que están fuera de su control! Sin embargo, cómo enfrentar estos obstáculos es lo que distingue a un ganador de un perdedor. ¡Olvídate de lo que está fuera de tu control y en cambio concéntrate en lo que puedes hacer!

En el ejemplo de despido anterior, no puedes controlar la recesión global y el aumento de los costos operativos. Sin embargo, puedes controlar cómo eliges usar el tiempo que tienes una vez que te despidan. Puedes volver a la universidad, aprender un curso para mejorar tus habilidades, tomar un trabajo a tiempo parcial mientras estudias, construir un negocio en línea desde casa, o hacer varias otras cosas similares. Este es un enfoque proactivo. Un enfoque reactivo o de víctima sería, "Me han despedido o me ha afectado las duras condiciones del mercado. No puedo hacer nada al respecto, solo esperar otro trabajo. Este es mi destino miserable." ¿Ves la diferencia? Las personas proactivas nunca se convierten en víctimas. Tendrán una visión más dinámica, amplia y orientada a soluciones de la vida.

Aprende a superar tus desafíos en lugar de culpar a

otras personas o circunstancias por ello. Solo tú eres responsable de lograr tus metas y solucionar tus problemas. Aunque mucha gente te apoyará y te nutrirá, solo tú eres responsable de tu éxito o fracaso. Asume la responsabilidad de los desafíos en tu vida y conviértelos en oportunidades. Trabaja para resolver tus problemas en lugar de culpar a los demás.

Hábito 90 - Construye tu propia suerte

No puedes dormir hasta que llegue la oportunidad adecuada. Tienes que salir y crear tus propias oportunidades. ¿Qué tal dar unos pasos cada día para ser mejor de lo que eras el día anterior mientras avanzas en una trayectoria progresiva y positiva?

Haz un plan en papel sobre donde quieres estar. Delinea hitos para ti mismo con límites de tiempo precisos. Las cosas no suceden solo porque desesperadamente quieres que sucedan. Suceden cuando haces que sucedan.

Hábito 91 - Anticípate al futuro y ten tu plan listo

Las personas proactivas no se sientan esperando a ser arrastradas por la lluvia. Estarán listas con sus paraguas. Desarrolle un enfoque más proactivo hacia la vida anticipando el futuro y preparándose con mucha antelación. Al considerar problemas potenciales que puedan surgir en el futuro, puede planificar con anticipación. Digamos que ha planeado unas vacaciones dentro de unos meses. Comienza a apartar fondos para las vacaciones recortando el comer fuera y en su lugar optando por comidas caseras o eligiendo tomar café en la máquina expendedora en lugar de comprarlo en cafeterías.

Esto te ayuda a cuidar tus gastos de comida, viaje y actividades durante el destino. Un enfoque reactivo sería planificar actividades, comida y otros gastos dependiendo del dinero que te quede durante el tiempo de tus vacaciones. El primer punto en el que trabajar para desarrollar un enfoque proactivo es anticipar el futuro y prepararse para él.

Las personas con una mentalidad proactiva tienen una gran perspicacia. Rara vez se ven sorprendidas o están desprevenidas ante cualquier problema. Entiende cómo funciona todo a tu alrededor. Observa patrones, identifica rutinas regulares y anticipa lo inesperado. ¿Cuáles son las prácticas diarias en tu trabajo o negocio? ¿Cuáles son sus ciclos naturales? ¿Cuáles son los factores inesperados que pueden afectar tu negocio o trabajo? Sin embargo, no te restrinjas por el pasado cuando se trata de hacer predicciones o anticipar el futuro.

Usa tu imaginación para anticipar resultados futuros. Usa una combinación de lógica, ingenio y creatividad. Piensa en varios escenarios de cómo pueden desarrollarse los eventos en el futuro. Algunas de las personas más proactivas que conozco están siempre pensando, planeando y ejecutando. Son trabajadores incansables que no creen en quedarse quietos o volverse complacientes.

Hábito 92 - Participar en lugar de ser una audiencia pasiva

Sé parte de tantas oportunidades, responsabilidades e iniciativas como sea posible sin agotarte. ¡Si hay una responsabilidad adicional que asumir en tu lugar de trabajo, ofrécete voluntariamente para hacerlo! Participa en iniciativas comunitarias, competencias y eventos. No seas un espectador pasivo que simplemente observa a otros hacer su trabajo. Levántate, sal ahí afuera y hazte visible. ¡Esta es la única forma de atraer más oportunidades a tu camino, en lugar de sentarte y esperar a que sucedan!

Conozco a muchas personas que simplemente se sientan en las reuniones sin añadir ningún valor o sus propias aportaciones, y luego se preguntan por qué no son promovidas. Añade tus propias ideas a las reuniones y contribuye a agregar valor a cualquier emprendimiento profesional. No simplemente escuches o reacciones a las sugerencias de otras personas, aporta las tuyas. Mirar desde la barrera no es lo mejor que puedes hacer si quieres desarrollar un enfoque más proactivo.

Hábito 93 - Evita sacar conclusiones negativas de inmediato y controla tus reacciones.

Es fácil sucumbir a impulsos emocionales o tomar decisiones rápidas. Las personas proactivas rara vez se involucran en pensamientos catastróficos o se dejan llevar por sus emociones. Reúne toda la información posible antes de llegar a una conclusión. Mantén una perspectiva amplia y abierta para pensar lógicamente y encontrar soluciones más equilibradas.

Así que le enviaste un mensaje a alguien y no respondió.

No asumas automáticamente que te está evitando o que deliberadamente no contesta tus llamadas. Piensa en pensamientos más equilibrados o realistas, como que deben estar ocupados, manejando o tal vez no tengan su teléfono con ellos en ese momento. Puede haber innumerables posibilidades.

En lugar de imaginar lo peor, piensa en posibilidades más realistas. Este es otro súper consejo para construir un enfoque proactivo.

Ser proactivo requiere que te pongas en el lugar de la otra persona para entender las cosas desde su perspectiva. Esto evita que veas las cosas únicamente desde tu punto de vista y te da la habilidad de intentar encontrar una solución.

Hábito 94 - Rodéate de las personas adecuadas.

Rodearte de personas positivas, trabajadoras, inspiradoras y proactivas es una de las mejores formas de desarrollar una mentalidad ganadora. Dedica tu tiempo y energía a personas con determinación. No puedes pasar una gran cantidad de tiempo con personas reactivas que se victimizan y esperar demostrar un enfoque más proactivo. Evita a las personas perezosas, desmotivadas y negativas como la peste. Te arrastrarán hacia abajo con su mentalidad negativa, y serás consumido por su inercia antes de que te des cuenta.

Hábito 95 - Hacer inventario de tus tareas

Ser proactivo es sobre ser organizado. Esto puede incluir desde tu mentalidad hasta tu espacio físico de trabajo y tu horario. Organizar proactivamente tus tareas permite que se completen de manera más eficiente, y te brinda más tiempo para explorar oportunidades. Lleva una vida equilibrada, programa tiempo de inactividad para el ocio, y mantén una perspectiva positiva en general de la vida. Revisa tus responsabilidades. Siempre se el empleado, trabajador, o empresario dispuesto a ir más allá. Una actitud lista y dispuesta te hace más proactivo. Serás visto como alguien en quien se puede confiar. Aquí tienes una lista de preguntas que te puedes hacer para desarrollar una mentalidad más proactiva.

1. ¿Cuáles son tus tareas/objetivos a largo plazo e inmediatos?
2. ¿Cuáles son tus prioridades actuales?
3. ¿Qué tareas puedes consolidar, acortar o desechar por completo?
4. ¿Cómo puedes mantenerte al tanto de las tareas que no son urgentes?
5. ¿Cuáles son las cosas que necesitas aprender para ser excepcionalmente bueno en tu trabajo?
6. ¿Cuál es tu enfoque para resolver problemas?
7. ¿Puedes prever problemas y planificar alternativas y soluciones anticipándote a estos problemas?

8. ¿Puedes automatizar tareas para ser más efectivo y ahorrar tiempo?

Como una persona proactiva, aprende a lograr que las cosas se hagan. Hazte responsable de completar una tarea. Asegúrate de lograr algo en el tiempo designado. Una de las mejores maneras de aumentar tu responsabilidad hacia la meta o tarea es enlistar la ayuda de un compañero de responsabilidad. Esta persona es alguien en quien puedas confiar y que te haga responsable de tus acciones mientras te recuerda constantemente tus objetivos.

Otra forma que funciona maravillosamente bien para algunos es comenzar a escribir un blog de responsabilidad o publicar en redes sociales. Cuando te comprometes públicamente con una meta o tarea, hay mayores posibilidades de que las cumplas porque obviamente no quieres ser visto como una persona que no cumple su palabra o es demasiado perezosa para trabajar en lo que te comprometes. Sigue tu progreso a través de tu blog. Esto no solo te ayudará a mantenerte en el camino de tus metas, sino que también se convertirá en un viaje para inspirar a otros.

Hábito 96 - Cuanto más haces, más aprendes

Me encantaría decirte que el secreto para ser una persona rica y exitosa es solo leyendo o escuchando eBooks como estos. Desafortunadamente, así no funciona. Puedes adquirir todo el conocimiento e inspiración del mundo, pero es inútil si no lo implementas. El conocimiento adquiere poder solo cuando se pone en acción. Las personas proactivas no solo leen, ven y escuchan cosas inspiradoras para sentarse y incubar huevos. Se esfuerzan por aplicar el conocimiento que adquieren actuando rápidamente sobre él. Para ellos, el fracaso es preferible a la inacción.

Cuando las personas proactivas fallan, aprenden una forma más de no hacer algo o se dan cuenta de que necesitan cambiar o replantear su estrategia. Digamos que construyes tu propio blog/página de crianza en Facebook y sigues publicando contenido increíble en él. Quiero decir, al menos crees que estás publicando contenido fenomenal. Promocionas agresivamente tu blog para dirigirte específicamente a un grupo de audiencia adecuado (piensa en los padres) mediante concursos e invitando a amigos a darle "me gusta" a tu página. Sin embargo, a pesar de haber logrado una siguiente bastante impresionante en poco tiempo, el blog no se jacta de un gran compromiso en términos de "me gusta", comentarios, publicaciones de usuarios y conversaciones.

Te das cuenta de que, aunque lograste conseguir rápidamente muchos seguidores gracias a los concursos y las invitaciones de amigos, no atraíste a un grupo de audiencia profundamente interesada, lo que resultó en una baja participación. Probablemente las personas siguieron el blog solo para ganar algunos premios o porque se sintieron obligadas a hacerlo porque eran tus amigos. Esto lleva a la realización de que necesitas una audiencia que esté profundamente interesada en tu blog. Por lo tanto, comienzas a dirigirte a tu audiencia con Publicidad en Facebook. ¿Por qué te digo todo esto? ¿Cómo demonios sabrías qué funciona y qué no si no tomas acción? Todas las personas exitosas y adineradas que han logrado el dominio de la vida tomaron acción en la dirección de sus sueños. Intentaron, fallaron, ajustaron, reinventaron, duplicaron, y así sucesivamente. Sin embargo, solo pudieron hacer todo esto porque fueron lo suficientemente proactivos para implementar el conocimiento reunido.

¡Cómo sabrías qué funcionó o no funcionó para un blog de crianza si ni siquiera empezaste uno en primer lugar! Sí, hay otros sistemas para duplicar, pero algunas lecciones internas tendrás que aprenderlas por tu cuenta. Nadie va a compartir todas sus estrategias secretas de éxito contigo. Ni siquiera los mejores mentores. Es tu viaje único, que necesita ser vivido y definido solo por ti demostrando un enfoque más proactivo. Hay sistemas establecidos pero tendrás que darle tu propio toque basado en tu enfoque único, metas e ideales.

En el ejemplo anterior, si simplemente hubieras leído sobre la creación de un blog de Facebook y no hubieras actuado por miedo a no generar lo suficiente, ¿habrías aprendido la forma correcta de hacerlo? No tuviste éxito de inmediato. Sin embargo, ¿no obtuviste ideas sobre lo que no funciona? ¡Ahora estás armado con conocimiento y sabiduría sobre cómo construir una comunidad de seguidores más comprometida en Facebook! No dejes que el miedo al fracaso te sumerja en la inacción. No aprenderás nada si ni siquiera lo intentas.

Sé proactivo sobre tus fracasos. En su exitoso libro Cómo Ser una Jefa, la estrella de YouTube y artista / intérprete Lily Singh menciona cómo nunca puede hacer la tortilla perfecta. Según su propia confesión, los huevos siempre se rompen "en al menos tres pedazos".

Después, en lugar de abandonar la tortilla menos que perfecta, se da el gusto con huevos revueltos al romperlos en trozos aún más pequeños con una espátula.

¿Por qué el fracaso debería significar el callejón sin salida para una idea, empresa o proyecto? Recoja su omelet imperfecto y conviértalo en deliciosos huevos revueltos siendo más proactivo. A veces, es posible que tenga que comenzar de nuevo después de presenciar el fracaso. Sin embargo, a veces el fracaso también puede ser la puerta a un éxito inesperado. Esto será más probable solo cuando tenga un enfoque más proactivo para enfrentar los desafíos tomando el toro por los cuernos en lugar de adoptar un enfoque reactivo, donde culpe a todo lo que le rodea por sus fracasos.

Capítulo Doce: Construye tu músculo de perseverancia

"No temo al hombre que ha practicado 10,000 patadas una vez, pero temo al hombre que ha practicado una patada 10,000 veces." - Bruce Lee

Aquí hay algunas formas poderosas de desarrollar tu perseverancia y determinación.

Hábito 97 - Empújate poco a poco cada día

Hacer pequeños incrementos en tu progreso diario es una excelente manera de construir perseverancia. Digamos que caminas 2 millas cada día o haces 100 flexiones al día. Intenta aumentar este número gradualmente. Camina una media milla extra o intenta hacer 110 flexiones en tu entrenamiento. Pequeñas vueltas aumentarán tu capacidad para correr durante más tiempo sin sentirte exhausto. El objetivo es empujarte a ti mismo para hacer más al salir de tu zona de confort. Si te sientes cómodo escribiendo 15 páginas al día, esfuérzate por hacer 17-18. Gradualmente, aumenta esto a 20 páginas al día. Sigue construyendo tu capacidad para mantener. Empújate lentamente para evitar el agotamiento.

Hábito 98 - Enfrentar cualquier crisis de manera lógica, equilibrada y tranquila

No hace falta crear una telenovela o saga de todo en tu vida. Enfrenta los desafíos de manera lógica y racional. El estrés es un componente inevitable en la vida de cualquier persona exitosa. Donde hay éxito, riqueza y gloria, también hay responsabilidad adicional, agotamiento y estrés. A veces, las circunstancias están fuera de nuestro control. Sin embargo, la forma en que elegimos responder a nuestras circunstancias determina la influencia que tienen sobre nosotros.

Hábito 99 - Desarrollar un sólido sistema de apoyo

Construye un sistema de apoyo positivo, poderoso y motivador para obtener fuerza cuando sea necesario. Durante tiempos difíciles, deberías poder compartir tus sentimientos con un grupo de personas cercanas, confiables y alentadoras. Intercambia tus pensamientos, solicita su apoyo, conoce sobre su trayectoria, recibe retroalimentación positiva, obtén apoyo y habla sobre posibles soluciones. Terminarás obteniendo una perspectiva totalmente diferente sobre una situación.

Hábito 100 - Habla regularmente con personas que te inspiran

Hablar con personas de confianza puede ofrecerte nuevas perspectivas, enfoques y soluciones sobre los desafíos, lo cual a su vez incrementa tu poder de perseverancia. Simplemente pasar tiempo con personas que son positivas, inspiradoras y de apoyo te ayuda a superar situaciones perturbadoras y negativas. Cuando estás lleno de dudas sobre ti mismo, estas personas de apoyo disiparán tus nociones incorrectas al animarte. Te brindarán una verificación de la realidad más equilibrada y menos catastrófica.

Hábito 101 - Tomarse un descanso

Si tus desafíos parecen demasiado abrumadores para continuar, descansa por un rato o toma un breve descanso en lugar de rendirte. Imagina si estuvieras a solo centímetros del éxito o de tu destino después de caminar durante varios miles de millas, y simplemente te rindes porque estás cansado de caminar más lejos. ¿Qué tan desafortunado sería eso? El éxito suele estar más cerca de lo que creemos. Si solo hubieras dado los últimos pasos, habrías sido un gran éxito. Cuando algo no logra los resultados previstos, intenta tomar un descanso y cambiar tu estrategia en lugar de simplemente rendirte. Aproxímate a la tarea con una perspectiva fresca y completamente nueva después de un descanso. El verdadero éxito llega a las personas que evitan rendirse.

Una de las autoras más vendidas y ricas de todos los tiempos, J.K. Rowling (famosa por Harry Potter), tuvo su manuscrito de Harry Potter rechazado por nada menos que 12 editoriales antes de que Bloomsbury decidiera seguir adelante con la publicación de algunas copias. ¿Habría alcanzado la riqueza, la gloria y el éxito que tiene hoy en día si hubiera permitido que esos 12 rechazos determinaran su destino? ¿Disfrutarían varios millones de lectores en todo el planeta su escritura si hubiera permitido que un puñado de personas evaluara su capacidad?

Independientemente de los fracasos pasados, el éxito puede estar mucho más cerca de lo que crees. Tómate un descanso si te sientes cansado o estresado. Sin embargo, no te rindas. No tendrías nada desde Windows hasta Disneylandia, la bombilla, aviones, Facebook, iPhones si sus fundadores se hubieran rendido debido a fracasos y decepciones tempranas. En lugar de ver los fracasos como obstáculos para tu éxito, considéralos como escalones que te acercan al éxito.

Imagina un escenario donde se te exige recorrer una distancia considerable a pie. Sigues caminando una larga distancia pero te sientes cansado después de un tiempo. ¿Qué haces? ¿Vuelves todo el camino o simplemente te detienes por un tiempo y continúas? ¡El viaje de tu vida no es diferente. El éxito puede estar más cerca de lo que crees!

Hábito 102 - Desarrollar una mentalidad de solución

La razón por la que algunas personas se ven abrumadas por sus problemas es porque lo ven simplemente como eso - un problema o un obstáculo. Visualiza los desafíos y obstáculos desde una perspectiva de soluciones. La falta de habilidad para encontrar soluciones es lo que lleva a las personas a rendirse. Cuando te enfrentas a un desafío, haz una lluvia de ideas. Propón un montón de soluciones, ideas y posibilidades para resolverlo. Tal vez necesites un cambio en el enfoque o un pequeño ajuste en la estrategia. Identifica diferentes formas de superar una situación desafiante o abrumadora.

De hecho, da un paso adelante y piensa en soluciones para problemas o desafíos que puedan surgir. ¡Ten soluciones y un plan B listos! Tu confianza aumentará cuando tengas más soluciones prácticas y viables a tu disposición. Desarrolla la habilidad de pensar en soluciones fuera de lo común.

Hábito 103 - Desarrollar un sentido del humor

Esto es tan fácil y agradable, pero la gente no aprovecha de ello. Cuando los tiempos difíciles te alcanzan, el humor puede guiarte a través. Mirar el lado más ligero de la situación ayuda a superar el estrés y la ansiedad relacionados con ella. Reúnes una perspectiva diferente y refrescante sobre los desafíos.

De igual manera, cuando vemos una película divertida, leemos un libro que nos hace reír a cada momento, asistimos a un show de comedia en vivo o pasamos tiempo con personas humorísticas, nuestros niveles de dopamina (hormona del bienestar) aumentan. Esto, a su vez, fortalece el mecanismo de defensa de tu cerebro. Equilibra situaciones difíciles con cosas placenteras que te salven de la desesperación y la depresión. No dejes que las situaciones negativas te consuman o las tomes cada vez más en serio.

Mira el lado más brillante, más ligero de las cosas y ríe. Desarrollar un sentido del humor puede que no haga que tu problema sea más pequeño. Sin embargo, aumentará tu capacidad para hacer frente al desafío. La riqueza y las personas exitosas entienden que el camino al éxito está lleno de desafíos, y tienen sus mecanismos de afrontamiento listos.

Hábito 104 - Desarrollar una perspectiva positiva sobre tus habilidades y capacidades

La autoestima y la imagen que uno tiene de sí mismo impactan, en gran medida, en su capacidad para mantener la perseverancia. Recuerda tus fortalezas, logros, habilidades y momentos gloriosos. Haz una lista de situaciones desafiantes que enfrentaste anteriormente y cómo las superaste. Encuentra inspiración en momentos positivos.

Hábito 105 - Inscríbete en clases de oratoria.

¡Inscríbete en cursos de oratoria para aumentar tu confianza! Asiste a eventos de networking, seminarios y talleres para conocer a personas positivas que te hagan sentir bien contigo mismo. Del mismo modo, ¡domina nuevas habilidades que aumentarán tu confianza, autoestima y fuerza de voluntad! A veces, todo lo que necesitas es un poco de creatividad desahogada. ¡Intenta redecorar un espacio, escribir un cuento corto o componer un poema!

Hábito 106 - Observa tu diálogo interno

¿Cómo es tu diálogo interno? Si no está alineado positivamente para la riqueza y el éxito, es mejor que lo sintonices a otra frecuencia. Nuestro diálogo interno puede hacer o deshacer nuestras oportunidades de éxito. Puede ayudarte a sobrellevar situaciones difíciles o hundirte en el fracaso. Modifica tu diálogo interno para el éxito haciéndolo más constructivo y positivo. Ya has escuchado la famosa cita "los pensamientos se convierten en cosas." ¡Si tu diálogo interno es más derrotista, el éxito definitivamente te evitará!

En lugar de decir, "Nunca podré hacer esto", di, "Puede que no sea fácil, pero eso no me impide dar lo mejor de mí. Solo es cuestión de tiempo que lo domine."

Detente en seco con una acción física (jálarte una liga en la mano, pellizcarte, darte un golpe en la cabeza, morderte la lengua - haz lo que quieras) cada vez que te envuelvas en pensamientos negativos o de no poder hacer algo.

Reemplaza palabras y frases negativas con términos más positivos. Deja que tu voz interior te guíe hacia la positividad y las posibilidades. Evita hablar en términos fijos o absolutos, como que algo nunca se puede hacer. Mantén las opciones abiertas y explora alternativas. Dite a ti mismo: "cada paso me acerca más a mi sueño" o "estoy verdaderamente feliz y agradecido de poder aprender esta lección".

Otra cosa contra la que debes guardarte es catastrofizar eventos o imaginar lo peor. Unos cuantos desafíos y fracasos en el pasado no significan que fallarás en todo lo que hagas. Esto no es pensar de forma realista. ¡No permitas que unos pocos desafíos desalienten tu espíritu! Evita personalizar tus fracasos o culparte a ti mismo por ellos. Supéralos encontrando evidencia en sentido contrario. Piensa en todas las veces que has tenido éxito. Cada vez que pienses que algo no se puede hacer, vuelve a un momento en el que creíste que no podías hacer algo y terminaste dominándolo.

¿Cuál es la fuente principal de tu diálogo interno

negativo? ¿Proviene de las personas que te rodean? ¿Estás pasando más tiempo con personas que te instan a renunciar a tus sueños? ¿Están minando tu sentido de valía y autoestima al dudar de tus habilidades? Cuando las personas dicen que algo no se puede hacer, están hablando de su incapacidad para hacerlo. No necesariamente define tus habilidades. Aléjate de las personas que te desvían de tus metas porque esto afecta inevitablemente tu diálogo interno.

Hábito 107 - Di tus afirmaciones

Las afirmaciones son poderosas declaraciones positivas que se dicen repetidamente para ayudar a implantar una idea o meta en la mente subconsciente. Este proceso permite que la mente subconsciente crea en estas ideas/metas y alinee tus acciones con ellas. La clave es seguir diciendo en voz alta estas afirmaciones o escribiéndolas continuamente para que el subconsciente las acepte como tu realidad última.

Cuando decimos algo repetidamente, nuestras palabras tienen un impacto tremendo en la mente subconsciente. Hay ciertas vibraciones energéticas asociadas con palabras específicas, que crean imágenes mentales positivas y empoderadoras o imágenes negativas y derrotistas. La frecuencia de energía que alimentamos a nuestra mente a través de las palabras y frases que usamos continuamente finalmente impacta nuestras acciones. Por lo tanto, al alimentar imágenes mentales empoderadoras, estamos canalizando nuestra mente subconsciente hacia el éxito, la riqueza y el dominio de la vida.

Comience de inmediato. Comience creando una

declaración positiva sobre un aspecto de su vida que desee cambiar. Por ejemplo, si desea desarrollar una actitud más proactiva y decidida al reconocer y aprovechar las oportunidades, intente diciendo: "Soy una persona proactiva y orientada a la acción que siempre está lista para identificar y aprovechar nuevas oportunidades".

De manera similar, si quieres ganar dinero, tu afirmación puede ser algo así como, "Soy un imán poderoso para el dinero. El dinero viene a mí sin esfuerzo." Si deseas desarrollar mayor confianza o autoafirmación, di algo como, "Soy una persona segura de sí misma, asertiva y confiada que tiene control sobre las personas y las situaciones."

Conclusión

Gracias por descargar este libro.

Espero que haya podido ayudarte a aprender más sobre la autodisciplina y estrategias prácticas a través de las cuales puedes comenzar a implementar disciplina y hábitos positivos en tu vida de inmediato. He incluido innumerables planes de acción, estrategias prácticas y técnicas probadas para construir hábitos ganadores, lo cual puede ayudarte a lograr todos tus objetivos.

El libro está lleno de consejos para la gestión del tiempo, la escritura de objetivos, el aumento de la productividad, la lucha contra la procrastinación y otros trucos valiosos para construir hábitos que te ayudarán a entrar en el camino de la autodisciplina de inmediato.

El siguiente paso es tomar acción. Una persona que no lee es tan buena como una persona que no puede leer. De manera similar, el conocimiento sin acción es inútil. No se puede lograr la disciplina solo leyendo sobre ella y sintiéndose genial. ¡Tienes que salir y ponerlo en práctica para que funcione! ¡Tienes que esforzarte y darlo todo para salir como ganador!

Por último, si disfrutaste leyendo el libro, por favor tómate un tiempo para compartir tu opinión y publicar una reseña. Sería muy apreciado.

¡Brindemos por una vida más gratificante, satisfactoria, lograda y llena de hábitos positivos!

www.ingramcontent.com/pod-product-compliance
Lightning Source LLC
Chambersburg PA
CBHW071716020426
42333CB00017B/2289